Anselm Grün
Clemens Bittlinger

Gelassen durch
die schnelle Zeit

W0197431

BRUNNEN
Verlag Giessen · Basel

Dr. Anselm Grün ist Benediktinerpater und Verwaltungsleiter
der Abtei Münsterschwarzach sowie Autor zahlreicher
geistlicher Bestseller.
Clemens Bittlinger ist Liedermacher, evangelischer Pfarrer und
erfolgreicher Buchautor.

Die Texte dieses Buches sind zum Teil bisher unveröffentlicht,
zum Teil als Impulse des Fastenkalenders *„7 Wochen ganz
gelassen"* erschienen (zurzeit vergriffen).
Die zitierten Bibelworte sind der
Lutherbibel und der Einheitsübersetzung entnommen:
Einheitsübersetzung der Heiligen Schrift,
© 1980 Katholische Bibelanstalt Stuttgart
Lutherbibel, revidierter Text, durchgesehene Ausgabe
in neuer Rechtschreibung,
© 1999 Deutsche Bibelgesellschaft Stuttgart

© 2013 Brunnen Verlag Gießen
www.brunnen-verlag.de
Konzept und Redaktion: Petra Hahn-Lütjen
Umschlaggestaltung: Sabine Schweda
Umschlagmotiv: shutterstock
Satz: DTP Brunnen
Druck: CPI Ebner – Spiegel, Ulm
ISBN 978-3-7655-1262-9

Inhalt

Freude

Kommunikation

Liebe

Achtsamkeit

Verzicht

Gelassenheit

Leben

Einladung zum Innehalten

Liebe Leserin, lieber Leser,

die Gedanken dieses Buches laden Sie ein, innezuhalten – um gelassener durch die schnelle Zeit zu kommen. Um gelassener in dieser schnellen Zeit zu leben.

Wir brauchen Momente und Zeiten der Stille, eine Zeit, die Seele genauso zu entrümpeln wie die Wohnung, eine Zeit, sich einzuüben in die innere Freiheit und Gelassenheit.

Versuchen Sie einmal, langsamer als sonst durch die schnelle Zeit zu schreiten. Natürlich brauchen Sie bei Ihrer Arbeit eine gewisse Schnelligkeit. Aber Ihr privates Leben sollten Sie immer wieder einmal verlangsamen, um das Geheimnis des Lebens zu entdecken und das Geheimnis Gottes.

An Gott messen wir auch unser Leben. Wenn wir auf ihn, auf Jesus Christus schauen, dürfen wir vertrauen, dass auch unser Leben gelingen wird. Und von seiner inneren Verbindung mit dem Vater im Himmel können wir lernen, voll Vertrauen und Gelassenheit unseren Weg zu gehen. Wir müssen nicht alles selbst tun, wir dürfen uns ihm überlassen und so gelassen das tun, was uns aufgetragen ist.

So wünschen wir Ihnen, dass Sie das Innehalten als gesegnete Zeit erleben, als Zeit, in der Sie zur Ruhe finden, bei sich selbst und bei Gott ankommen, der Zeit und Ewigkeit in seinen Händen hält.

Anselm Grün & Clemens Bittlinger

Stille

Stille und Schweigen

Wir müssen unterscheiden zwischen der Stille und dem Schweigen. Stille ist uns vorgegeben. Schweigen müssen wir üben.

Das deutsche Wort Stille kommt von „stellen". Es meint ursprünglich: stehen bleiben. Ich höre auf, mich zu bewegen. Ich bleibe stehen und halte inne. Ich versuche, vom Äußeren ins Innere zu gelangen. Wenn ich die Bewegung im Äußeren aufgebe, dann entsteht eine Bewegung nach innen.

Die deutsche Sprache kennt das „Stillen" der Mutter. Die Mutter möchte das Kind zur Stille bringen, indem sie es stillt. Das Schreien ist hier Ausdruck des Hungers. Wem etwas fehlt, der meldet sich zu Wort. Wer Hunger hat, der schreit. Er braucht etwas, was ihn nährt. Die Mutter stillt das Kind, indem sie seinen Hunger mit Nahrung und Liebe zum Schweigen bringt.

Stille ist nicht nur Abwesenheit von Lärm, Fehlen von Worten. Stille hat eine eigene Qualität. Es ist die Qualität des reinen Seins.

Wenn etwas absichtslos ist, dann ist es still. Das Ego ist immer laut. Es stellt sich in den Mittelpunkt. Es meldet sich zu Wort. Es muss sich ständig darstellen, produzieren. Stille ist reines Sein. Stille hängt mit Reinheit und Einfachheit zusammen. Wenn etwas rein und lauter ist, ohne Nebenabsichten, dann empfinden wir es als still.

Kennst du stille Räume, gebaute Stille? Wie fühlst du dich in einer Kirche, in der dich die Stille umgibt? Kennst du in der Natur Orte, an denen die Stille für dich hörbar wird? Versuche, diese Orte zu genießen und in dir den Raum der Stille zu entdecken, zu dem der Lärm der Welt keinen Zutritt hat. AG

Stille und Schweigen

Stille ist wie ein Mantel,
der dich einhüllt

Wort und Stille, Sprechen und Schweigen, Klang und Stille sind zwei Pole, die zu unserem Leben gehören. Wenn wir einen Pol absolut setzen, verfälscht sich unser Leben. Wer nur spricht, dessen Worte klingen irgendwann hohl.

Es gibt Menschen, die können auch im Gespräch keine Stille aushalten. Sie müssen immer etwas sagen. Man spürt ihr Gehetztsein. Wenn sie aufhören zu reden, könnten sie infrage gestellt werden. Oder der eigenen Wahrheit begegnen.

Viele haben Angst vor der Stille, weil sie Angst vor ihrer inneren Wahrheit haben. Und weil sie Angst haben, müssen sie Lärm um sich herum machen. Das ist eine uralte Weise des Menschen, sich gegen die Stille zu schützen. Er braucht immer eine Geräuschkulisse, damit er seiner eigenen Wahrheit aus dem Weg gehen kann.

In der Stille hört der Mensch auf, sich hinter seinen Worten zu verstecken oder sich im Lärm taub zu machen gegen die unheimlichen Stimmen, die sich in der Stille Gehör verschaffen wollen. Da könnte ja das ungelebte Leben sichtbar werden. Enttäuschungen kämen hoch, Schuldgefühle würden ihn peinigen. Daher muss er die eigene Wirklichkeit mit Reden oder Aktivitäten überdecken. Andere haben Angst, dass sie sich in der Stille einsam fühlen.

Versuche einmal, Orte der Stille aufzusuchen. Genieße die Stille um dich herum. Vielleicht wirst du dann auch selber still. Du kannst die Stille um dich herum wahrnehmen wie einen Mantel der Liebe, der dich einhüllt. AG

Stille ist wie ein Mantel, der dich einhüllt.

Mut zur Stille

Warum fällt es uns so schwer, still zu sein oder still zu werden? Sicher, wir leben in lauten Zeiten, wir sind umgeben von so vielen Einflüssen und akustischen Reizen, dass man auf den Gedanken kommen könnte, es gäbe sie gar nicht mehr, die Stille.

Selbst wenn ich es schaffe, mich von meinem Alltagsgeschäft zu lösen und an einen ruhigen Ort zurückzuziehen, ist es schwierig, wirklich ganz ruhig zu werden: Zu vieles klingt und schwingt in mir nach, zu viele Gedanken und Sorgen drängen sich hinein in diese Stille und wollen zu Ende gedacht werden. Auf einmal merke ich, wie laut Stille sein kann, denn endlich kann in mir einmal all das zu Wort kommen, was beiseitegedrängt wurde.

Das ist die erste Chance der Stille, dass ich mir Zeit nehme für mich, für all das, was sich in mir zu Wort melden möchte, aber im normalen Alltag keine Beachtung findet. Diese Chance, diese erste Stufe der Stille, gilt es zu nutzen.

Das kann ich tun, indem ich mir einen Stift und

mehrere Blätter Papier nehme und all das aufschreibe, was mir nun in den Sinn kommt. Ich halte es gewissermaßen fest, schwarz auf weiß, und
kann es so Blatt für Blatt zur Seite legen – ich habe
es festgehalten, ernst genommen und weiß nun:
Darum kann ich mich später kümmern. Und auch
dabei wird mir später die Stille helfen.

*Tatsache ist: Ich brauche Mut zur Stille, denn womög-
lich kommt manches zum Vorschein, was mir nicht
gefällt. Aber ich darf darauf vertrauen, dass die Stille
mir guttut.*   *CB*

Mut zur Stille

Mach einen Termin
mit dir selbst

Ich gehe hinein in die Stille. Ich höre das, was in mir flüstert, redet, singt und schreit. Ich schreibe es auf und lege es zur Seite. Das erfordert Zeit. Zeit, die ich mir nehmen muss, denn dafür hat man keine Zeit. Auch wenn man auf einmal ganz viel Zeit hätte, vielleicht weil man sich im Urlaub befindet oder momentan keine Arbeit hat – für die Stille will man oft keine Zeit haben.

Doch um die Möglichkeiten, die Chancen der Stille in ihrer Tiefe zu erfahren, muss man sich Zeit nehmen. Zeit ist schon etwas Seltsames: Je mehr wir davon haben, desto weniger nutzen wir sie sinnvoll. Der Ausdruck „sich die Zeit vertreiben" ist dabei ja entlarvend, denn man gewinnt den Eindruck, die Zeit sei etwas Unangenehmes, etwas, das es gilt zu vertreiben wie eine lästige Fliege. Und je weniger Zeit wir haben, desto mehr sehnen wir uns nach mehr Zeit, mehr Freizeit.

Der Weg in die Stille ist freie Zeit – Freizeit und

doch gleichzeitig Arbeit. Von dem Psychotherapeuten Carl Gustav Jung erzählt man sich, er habe einem Patienten relativ kurzfristig einen Termin abgesagt. Einige Tage später sah dieser Patient, wie sein Therapeut zu genau dem Zeitpunkt des abgesagten Termins am Ufer des Zürichsees saß und die Beine im Wasser kühlte. Erbost sprach er ihn beim nächsten Treffen darauf an: „Wieso haben Sie meinen Termin abgesagt, wo sie doch müßig am Zürichsee saßen?" Darauf soll C. G. Jung geantwortet haben: „Ich hatte einen Termin mit mir selbst!"

Dazu möchte die Stille mich ermutigen: Mach einen Termin mit dir selbst! *CB*

Mach einen Termin
mit dir selbst!

Gott spricht im Verzicht

Ich gehe hinein in die Stille, ich habe mir Zeit genommen, bewusst und nach hinten mehr oder weniger offen. Das Telefon habe ich auf stumm geschaltet. Die Gedanken, die jetzt in der Stille kommen, nehme ich wahr, lasse sie zu und schreibe sie vielleicht auf. Wobei ich manchen Gedanken und manche Sorgen auf einen eigenen Stapel lege – für später.

Ich suche mir eine bequeme Haltung, ich achte darauf, dass mir nicht zu kalt und nicht zu warm ist. Ich atme ruhig aus, ich atme ruhig ein, ich versuche, in einen gleichmäßigen Rhythmus zu kommen. Ich höre das Blut in meinen Adern rauschen, ich höre meinen Atem. Ab und zu höre ich Geräusche aus der Ferne: einen Glockenschlag, ein vorüberfahrendes Auto, das Bellen eines Hundes. Aber diese Geräusche stören mich nicht mehr, denn ich bin ganz bei mir selbst.

Auf einmal merke ich: Die Stille kommt zu mir. *Stille sonderbar, plötzlich bist du da, jeder Ton und*

jedes Wort birgt für dich Gefahr. Stille, wunderbares
Gut, Perle, goldner Traum, der in jedem Herzen ruht,
findest selten Raum.

Ein Liedtext zur Stille fällt mir ein. Ja, es stimmt,
die Stille ist ein wunderbares und ein zerbrech-
liches Gut. Ich möchte dieser kostbaren Perle „Stille" Raum geben, denn hier kann ich Gott begegnen,
und das möchte ich, mehr als alles andere.

Die Wüstenväter, die Propheten und auch Jesus von
Nazareth sind bewusst in die Wüste gegangen, dort
gibt es keine Ablenkung, keine akustischen und opti-
schen Reize, die uns herausreißen aus der Stille.   CB

Gott spricht im Verzicht.

In uns ist ein Raum der Stille

Gott wohnt in der Stille. In uns selbst – so sagen die frühen Mönche – ist ein Raum der Stille. Wir brauchen diese Stille gar nicht zu schaffen. Auf dem Grund unserer Seele, dort, wo Gott in uns wohnt, wo das Reich Gottes in uns ist, dort ist es still.

Dort haben die Menschen mit ihren Erwartungen und Ansprüchen, mit ihren Urteilen und Verurteilungen keinen Zutritt.

Dort hat auch der Lärm unserer eigenen Gedanken keinen Zutritt. Wir erleben uns in diesem Raum der Stille als ursprünglich und authentisch, als heil und ganz.

Dort, wo Gott in uns wohnt, können wir nicht verletzt werden. Und dort lösen sich all die Bilder auf, die wir uns von uns selbst gemacht haben, die Bilder unserer Selbstentwertung und die Bilder unserer Selbstüberschätzung. Und all die Bilder weichen, die andere uns übergestülpt haben.

Setze dich einmal bequem hin und kreuze die Arme über der Brust. Du schließt gleichsam die Tür und schützt diesen inneren Raum der Stille. Stelle dir vor, dass dort kein Mensch dich verletzen oder verurteilen kann. Dort wohnt Gott in dir. Dort bist du ganz du selbst. Und weil Gott, das Geheimnis, in dir wohnt, kannst du bei dir selbst daheim sein. AG

In uns ist ein Raum der Stille.

Genieße die Stille –
sie führt dich zur Freiheit

Wie wir das Schweigen erleben, das hängt immer von unserer inneren Verfassung ab.

Wenn ich mich im Schweigen verlassen fühle, übersehen, wertlos, isoliert, einsam, dann liegt es an mir, mich meiner Einsamkeit zu stellen. Das Alleinsein gehört zu mir. Wenn ich es annehme, dann kann es sich für mich verwandeln in eine beglückende Erfahrung des „All-Eins-Seins". Indem ich allein bin, bin ich mit allem, was ist, eins: mit mir selbst, mit Gott, mit den Menschen, mit der ganzen Schöpfung. Dann wird das Schweigen zu einer Erfahrung von Liebe und Einssein, von Fülle und Erfüllung.

Wenn ich schweige, spüre ich die Stille um mich herum und die Stille in mir selbst. Stille ist in ihrem Wesen etwas Absichtsloses. Sie ist nur Sein. Stille verträgt kein Ego. Das Ich muss losgelassen werden, damit ich wirklich Stille erfahren kann. Stille entsteht, wenn ich mich selbst vergesse, wenn ich mich auf etwas einlassen kann, ohne sofort zu fragen, was es mir bringt und welche Gefühle es in mir hervorruft.

Setze dich einmal still hin. Du brauchst gar nichts zu tun, gar nichts zu denken. Versuche, einfach nur da zu sein, ohne Absicht, ohne Druck, irgendetwas erfahren zu müssen. Wenn du nur einfach da bist, dann erlebst du auch, dass Gott da ist, dass Gott einfach der Seiende ist. Alle Absichten und Nebenabsichten fallen ab. Du bist reines Sein und hast Anteil an dem Gott, der das Sein ist. Da erlebst du wahre Freiheit, wahre Präsenz. Da bist du ganz du selbst.   *AG*

Genieße die Stille – sie führt dich zur Freiheit.

In der Stille spricht Gott
zu mir durch sein Wort

„Man hat mir gesagt, in der Stille würde ich Gott finden … aber ich habe ihn nicht gefunden", hörte ich neulich jemanden sagen. „Je stiller es wurde, desto lauter wurde es in mir!"

Deshalb ist es so wichtig, dass ich mir wirklich Zeit nehme, das, was in mir hochkommt, ernst nehme und registriere und manches vielleicht auch aufschreibe. Wenn ich diese *erste Chance der Stille* genutzt habe, stelle ich fest, dass ich ruhiger werde.

Die *zweite Chance der Stille* ist, dass ich mich selbst wahrnehme und meinen eigenen Rhythmus finde – frei, ohne irgendetwas zu müssen.

Dann kann ich beginnen, in diese Stille hinein ein Gebet zu formulieren: „Du guter Vater, hier bin ich, wie ein offenes Buch liege ich vor dir, bitte erfülle mein Herz und stärke mich mit deiner Kraft!" Das tue ich leise, innerlich, mit dem Herzen – wie ein Parabolspiegel richte ich meine Seele auf die Gegenwart Gottes aus.

Ich lese einen Abschnitt aus der Bibel und lasse ihn durch die Stille zu mir sprechen, gehe den Gedanken nach, die mir dazu kommen.

Und dann wage ich sie wieder: die Stille. Ich werde Gott begegnen, denn er spricht zu mir durch sein Wort.

Das ist die *dritte Chance der Stille:* Ich lasse Gott zu Wort kommen.

Dazu brauche ich Mut, denn manches, was ER mir zu sagen hat, wird mir nicht gefallen.

Die *vierte Chance der Stille:* Ich wende mich dem Papierstapel mit meinen Sorgen und Fragen zu und bringe sie vor Gott: „Bitte hilf mir zu leben und schenke mir neue Kraft! Amen."   *CB*

*In der Stille spricht Gott
zu mir durch sein Wort.*

Wachheit

Bewache die Tür
deines Herzens

Jesus erzählt uns im Markusevangelium ein Gleichnis von einem Mann, der auf Reisen ging Er überträgt seinen Dienern die Verantwortung für sein Haus: „Dem Türhüter befahl er, wachsam zu sein" (Markus 13,34). Dieses Wort hat Evagrius Ponticus aufgegriffen und uns eingeladen, als Christen sollten wir wachsame Türhüter sein. Wir sollen das Tor unseres Herzens beachten und alle Gedanken befragen, die an die Tür klopfen. Wir sollen sie fragen, ob sie uns freundlich gesinnt sind oder ob es Hausbesetzer sind, die uns das Hausrecht streitig machen. Wir sollen also über unser Herz wachen, damit es nicht von fremden Gedanken besetzt wird. Jesus mahnt uns immer wieder: „Seid wachsam!" (Markus 13,37). Wachsam sein heißt gleichsam: auf der Wache sein, Wache halten, damit mein inneres Haus geschützt bleibt.

Probiere mal die Türhüterübung: Setze dich eine hal-
be Stunde lang in dein Zimmer, ohne zu lesen, ohne
zu beten, ohne zu meditieren und ohne nachzudenken.
Vielleicht denkst du, das geht überhaupt nicht. Aber du
wirst erfahren, dass Gedanken an die Tür deines Her-
zens klopfen. Lass alle Gedanken kommen. Aber frage
sie einzeln: Was willst du mir sagen? Welche Sehn-
sucht steckt in dir? Hast du eine Botschaft für mich?
Du wirst sehen, dass dir die Übung guttun wird. Sie
wird dich wacher machen dir selbst gegenüber und
Gott gegenüber. AG

Bewache die Tür
deines Herzens.

Wie lebe ich? Wo werde ich gelebt?
Wie möchte ich leben?

*Langsam durch die schnelle Zeit zieht der Geist der
Ewigkeit, schaut sich die Termine an, fragt mich, sag,
wann lebst du, wann?*

Wenn wir wach leben wollen, müssen wir zunächst einmal innehalten und schauen: Wovon
werde ich gelebt? Was treibt mich? Und was sind
die Zwänge, in die ich eingebunden bin, die mich
daran hindern, durchzuatmen und mich am Leben
zu freuen?

Bei vielen Menschen ist der Terminkalender
solch ein Korsett, in das sie eingebunden sind. Die
Termine diktieren den Ablauf unserer Tage, Wochen, Monate und Jahre und dann hören wir uns
sagen: „Kinder, wie schnell doch die Zeit vergeht!"

Der Sonntag oder ein freier Tag ist eine gute
Chance, einmal anzuhalten und zu schauen: Wie
lebe ich eigentlich? Und wie möchte ich leben?
Wir können aufwachen aus unserer Alltagstrance
und beginnen, neue Ziele ins Auge zu fassen.

Das geht sehr gut, indem man sich einfach vornimmt, einmal für eine bestimmte Zeit etwas wegzulassen: zu verzichten, z. B. auf Fernsehen oder auf Alkohol – ich werde feststellen, dass ich wacher werde, wachsamer. Wo tue ich gewohnheitsmäßig Dinge, die mir wertvolle Zeit stehlen (z. B. Fernsehen)? Was habe ich mir angewöhnt, was mich schläfrig macht und mir Energie raubt (Alkohol)? Was stopfe ich in mich hinein, obwohl ich mich eigentlich nach etwas ganz anderem sehne?

Ich werde sensibel für Gewohnheiten, jenseits des festgezurrten Terminkalenders, von denen ich gelebt und getrieben werde – das ist spannend. Nach einem Verzicht werde ich vieles wieder bewusster wahrnehmen und schmecken.   *CB*

Wie lebe ich? Wo werde ich gelebt? Wie möchte ich leben?

Leben mit allen Sinnen

Wann nimmst du dir Zeit zu sehen,
was um dich herum geschieht,
Zeit, auch Dinge zu verstehen,
die das Auge übersieht?
Abgehakt und abgelegt wie Terminkalender
schmeißt du deine Jahre fort, ohne was zu ändern.

Wenn wir wach leben wollen, dann sollten wir unsere fünf Sinne bewusst wahrnehmen. Und da sind zunächst unsere Augen: Was sehe ich? Was sehe ich, wenn ich morgens aufstehe, wie sieht mein Schlafzimmer aus? Wie sieht es im Bad, in der Küche und im Wohnzimmer aus? Fühle ich mich hier wohl oder habe ich mich einfach nur daran gewöhnt, dass es so aussieht, wie es nun mal aussieht? Welche Nahrung gebe ich meinen Augen? Was lese ich? Mit welchen Farben und Bildern umgebe ich mich?

All das beeinflusst unser Leben nachhaltig und oft, ohne dass wir es merken. Wenn wir wach

werden wollen, dann müssen wir die Augen aufmachen und auch die Dinge wahrnehmen, die das
Auge normalerweise übersieht.

Das Auge sieht z. B. nicht, in welche Stimmung
uns eine bestimmte Farbe bringen kann. Warum
also nicht einmal zu Farbe und Pinsel greifen und
eine Wand komplett neu streichen? – Einfach so!
Oder der erste Blick in den Spiegel: Was sehe ich
und wie begrüße ich mich selbst?

In jedem Falle gilt: Wer morgens mit einem
zerknitterten Gesicht aufwacht, hat den Tag über
genug Entfaltungsmöglichkeiten! In diesem Sinne – begrüßen wir doch fröhlich die vielen Möglichkeiten, die der neue Tag bringt! *CB*

Leben mit allen Sinnen

Wach auf und
mach die Augen auf

Der dänische Religionsphilosoph Søren Kierkegaard charakterisiert den christlichen Spießbür-
ger so, dass er nach einer fülligen Mahlzeit und
genügendem Wein- oder Biergenuss schläfrig und
müde zum Himmel schaut und als einziges Gebet
den Dank für das gute Essen und Trinken zustan-
de bringt.

Dagegen setzt er die Wachheit des Christen. Die
Tendenz der Verbürgerlichung des Christseins, die
Kierkegaard so auf die Nerven ging, gibt es auch
heute noch.

Wir benutzen unser Christentum als Verzierung
für unser bürgerliches Leben. Aber wir haben ver-
gessen, dass Jesus uns die Augen öffnen möchte,
damit wir wirklich leben.

Zeiten des Verzichts sind eine Einladung: eine
Einladung, auf unsere typischen Schlafmittel wie
Essen und Trinken zu verzichten, damit wir unse-
re Augen öffnen und mit wachen Sinnen durch die

Welt gehen. Wir können uns – neu – fragen, worauf es wirklich ankommt, wofür es sich lohnt zu leben.

Zum Wesen des Christen gehört es, wach und nüchtern zu sein, die Dinge so zu sehen, wie sie sind, anstatt sich mit irgendwelchen Illusionen über das Leben zufriedenzugeben.

Der indische Jesuit de Mello meinte einmal, Mystik sei keine Flucht vor der Realität, sondern Aufwachen zur Wirklichkeit. Wenn wir unsere Augen für Gott öffnen, dann öffnen wir sie auch für die Wirklichkeit.

Wo verschließt du die Augen vor der Wirklichkeit? Wo gehst du schläfrig durch die Welt? Wo willst du nicht wahrhaben, was um dich herum geschieht, sondern siehst alles durch die Brille deiner Schläfrigkeit? AG

*Wach auf und
mach die Augen auf!*

Man kann nicht nicht kommunizieren

(Paul Watzlawick)

Wann nimmst du dir Zeit zu lauschen
in die Stille, wie sie klingt?
Hörst du noch die Wellen rauschen
in der Muschel, wenn sie singt?
Du kannst lernen zu verstehen,
wo ein Mund den Dienst versagt.
Mit dem Herzen hinzusehen lernt,
wer so zu hören wagt.

Wer wach leben möchte, der wird hören. Und umgekehrt: Oft wachen wir ja auf, weil wir etwas hören. Manchmal wache ich mitten in der Nacht auf, weil irgendwelche Menschen nachts um drei Uhr fröhlich und betrunken von einer Feier nach Hause gehen. Sie haben unter dem Einfluss von reichlich viel Alkohol kein Gefühl und kein Ohr mehr dafür, wie laut sie in der Stille der Nacht lärmen und dabei andere aufwecken und stören.

Hundefreunde wissen, ein Hund hört ganz sen-

38

sibel, auch Geräusche, die wir noch lange nicht hören; er ist wachsamer, weil er besser hört.

Wenn wir bewusst hören, werden wir auch hören, wie die Stille klingt. Es gibt so viele Arten der Stille: die Stille der Nacht, die Stille eines Morgens, die Stille im Wald. Die Stille kann mir helfen, dass ich neu lerne zu hören. Und dann kann ich auch beginnen, zwischen den Zeilen zu hören und hellhörig zu werden.

Vieles, was wir einander mitteilen, liegt ja zwischen den Zeilen verborgen. Der Psychologe Paul Watzlawick hat einmal gesagt: „Man kann nicht *nicht* kommunizieren!" Das bedeutet, auch wenn jemand den ganzen Abend nichts sagt, bringt er damit natürlich etwas zum Ausdruck! Wer lernt, wach zu hören, wird auch feststellen, wie vielfältig und bunt Gott tagtäglich zu uns spricht – manchmal ganz klar, manchmal zwischen den Zeilen.   *CB*

Man kann nicht nicht kommunizieren.

Steh auf vom Schlaf

Der Epheserbrief hat uns ein altes christliches Wecklied überliefert: „Wach auf, du Schläfer, und steh auf von den Toten, und Christus wird dein Licht sein" (Epheser 5,14).

Aufwachen wird hier mit der Auferstehung von den Toten zusammengesehen. Wer schläft, wer vor sich hindämmert, der ist eigentlich tot. Er lebt nicht wirklich. Er wird von außen gelebt. Vielleicht tut er ganz viel. Aber es ist alles Leerlauf. Er ist nicht wirklich bei dem, was er tut. Er füllt seine Leere mit Aktivitäten aus. Von dieser Leere soll er aufwachen und die Augen aufmachen. Er soll aufstehen und selbst leben, anstatt sich leben zu lassen.

Eine bewusste Zeit des Verzichts ist eine gute Zeit zum Aufwachen und Aufstehen. Sie ist die Einübung in das Geheimnis der Auferstehung, in der wir gemeinsam mit Jesus, dem Auferweckten und Auferstandenen, aufstehen sollen aus dem Grab unserer Resignation und Leere, hinein in die

Fülle des göttlichen Lebens, das in der Auferstehung Jesu sichtbar wird.

Wovon willst du aufstehen? Wogegen sollst du aufstehen? Vielleicht solltest du gegen manches, was einfach nur noch leere Routine ist, einen Aufstand wagen, damit dein Leben das wird, was Gott dir zugedacht hat. AG

Steh auf vom Schlaf.

Spür den Boden, der dich hält

Wann nimmst du dir Zeit zu leben,
durchzuatmen: ein und aus?
Hast du dich schon aufgegeben?
Wie sehn deine Träume aus?
Stemm die Füße in den Sand,
spür den Boden, der dich hält –
Teil der großen, starken Hand,
Teil des Schöpfers dieser Welt!

Wenn ich mir bewusst mache, dass wir Menschen alles, was uns widerfährt, mit unseren fünf Sinnen wahrnehmen, dann ist es wichtig zu fragen: Was sehe ich? Was höre ich? Was rieche ich? Was schmecke ich? Was spüre ich? Wenn eine Kirchengemeinde einen Gesprächs- oder Vortragsabend in den eigenen Räumen veranstaltet, so geschieht dies manchmal in einem sehr eigenwilligen Setting. Was sehe ich? Ich sehe einen geordneten Gemeindesaal: an der Decke Lampen aus den Siebzigerjahren, an den Fenstern alte Vorhänge und eine quadratisch praktische Stuhlordnung. Was sagt meine Nase? Es riecht nach Bohnerwachs und Hagebuttentee! Dazu höre ich halliges Gemurmel und Geschirrgeräusche aus der Küche. Ich spüre: Es ist ein wenig zu kühl, man muss sparen! Ich schmecke z. B. beim anschließenden Beisammensein Hagebuttentee, der aus einer Thermoskanne gegossen wird, in der man sonst Kaffee ausschenkt …

Wenn Sie jetzt denken, ich würde übertreiben, dann gehen Sie doch mal wieder zu solch einem Gemeindeabend. Sie werden staunen, was Sie erleben, wenn Sie wach und mit allen Sinnen wahrnehmen, was um Sie herum geschieht.

Und dann heißt es aufwachen und überlegen: Wie kann man das alles auch ganz anders, wacher und liebevoller gestalten? Das gilt für einen Gemeindeabend übrigens genauso wie für unseren Alltag. *CB*

*Spür den Boden,
der dich hält!*

Freude

Trau der Freude, die in dir ist

Der österreichische Psychologe Watzlawick meint, jemanden zur Freude aufzufordern, sei eine paradoxe Losung. Das wäre so ähnlich, wie wenn ich einem sagte: Sei doch spontan. Genauso wenig können wir einem, dem es schlecht geht, sagen: Freu dich doch.

Ohne Freude wird das Leben trist und leer. Doch zur Freude aufzurufen, weckt in vielen eher Widerspruch. Wie kommen wir also mit der Freude in Berührung?

Jesus zeigt uns einen Weg, wie wir mit der Freude, die in uns wie eine Quelle ist, in Berührung kommen können. Er sagt von sich selbst: „Dies habe ich euch gesagt, damit meine Freude in euch ist und damit eure Freude angefüllt wird" (Johannes 15,11).

Jesus ruft uns nicht einfach zur Freude auf. Er spricht vielmehr so, dass wir an seiner Freude teilhaben. Und seine Worte bringen uns in Berührung mit der Quelle der Freude, die auf dem Grund unserer Seele ist, von der wir aber oft genug abgeschnitten sind, weil andere Gefühle uns bestimmen wie Ärger und Eifersucht und Angst und Depression. Wir können es uns so vorstellen: Die Worte Jesu bringen die Quelle der Freude, die in uns oft nur noch ein Rinnsal ist, zum Steigen, damit sie vom Grund unserer Seele in unser Bewusstsein dringt und in uns allmählich auch die Gefühle erfasst und verwandelt.

Setze dich still hin und lass einzelne Worte Jesu in dich eindringen. Stell dir vor, dass diese Worte Jesu, wenn du sie laut sprichst, den Grund deiner Seele berühren und dort die Quelle der Freude zum Sprudeln und Ansteigen bringt, sodass die Freude auch in deinem Herzen ankommt. Trau der Freude, die schon in dir ist.   *AG*

*Trau der Freude,
die in dir ist.*

Wer immer nur Spaß haben will, verliert die Freude

Wir leben in einer sogenannten „Spaßgesellschaft", zumindest bei den privaten Fernsehsendern wie RTL, ProSieben oder SAT.1 jagt eine Comedy Show die andere. Dass dabei zeitgleich nicht nur die Bildschirme, sondern auch die Inhalte immer flacher werden, mag man für einen Zufall halten. In Zeiten, in denen einerseits die Schere zwischen Arm und Reich immer weiter auseinandergeht und andererseits die Vertreter seichtester Unterhaltung ganze Stadien füllen, fühlt man sich dann doch an die Zeiten des alten Roms erinnert, wo die herrschende Klasse das arme und Hunger leidende Volk mit „panem et circenses", mit „Brot und Spielen", eine Zeit lang von den eigentlichen Problemen abzulenken vermochte. – Ob das „Brot-und-Spiele-Phänomen" nicht auch heute wieder Kennzeichen eines dekadenten und auslaufenden, weil auf Dauer unhaltbaren Gesellschaftsmodells ist?

Spaß ohne Grenzen oder Freude – wie unterscheidet sich nun die echte Freude oder zutiefst empfundenes Glück von jener immer leicht unterhalb der Gürtellinie operierenden Spaßlaune, die, gepaart mit etwas zu viel Alkohol, den Hauch des Untergangs atmet?

Wer Spaß haben will, um jeden Preis, muss das Unangenehme verdrängen: Es macht keinen Spaß, am Sterbebett eines geliebten Menschen zu sitzen und ihn still zu begleiten, aber es kann zutiefst beglückend sein, diesen Menschen die letzten Stunden seines Lebens zu begleiten, letzte Dinge auszusprechen und ihm oder ihr hinüberzuhelfen in die ewige Wirklichkeit der Liebe Gottes. Darin liegt ein wesentlicher Unterschied zwischen „Spaß" und „Freude". *CB*

Wer immer nur Spaß haben will, verliert die Freude.

Freu dich an dem, was Gott dir täglich schenkt

Im Buch Nehemia wird uns ein eigenartiges Wort überliefert: „Heute ist ein heiliger Tag zur Ehre des Herrn. Macht euch keine Sorgen, denn die Freude am Herrn ist eure Stärke" (Nehemia 8,10). Nach der Verbannung hatten die Israeliten den Tempel wieder aufgebaut. Inmitten von Anfeindungen feiern sie einen heiligen Tag. Und sie machen die Erfahrung, dass die Freude am Herrn ihre Stärke ist. Sie ist wie ein Schutzwall gegen die Anfeindungen von außen. In der Freude am Herrn sind sie in Berührung mit der Quelle des Lebens. Das können ihnen die Menschen nicht mehr rauben. Der Grund dieser Freude ist nicht nur der Herr, sondern sind seine Gebote, an denen sich der Israelit freut, oder der Tempel, in dem er Gott erfahren darf. Und er freut sich an der Natur, an der Schöpfung Gottes, die er in vielen Bildern preist, und an den Gaben von Wein und Korn, die sein Herz erfreuen. Und er freut sich an den Festen, die

Gott dem Volk geschenkt hat, damit es in der Feier Gottes Großtaten lobt und preist und im Singen mit der Freude über Gott in Berührung kommt.

Lass diese alttestamentlichen Worte einmal in der Stille in dein Herz fallen.

Vielleicht bleibt dein Herz leer. Wenn dein Herz sich nicht freuen kann, dann halte das auch aus. Aber dann trau deiner Sehnsucht nach Freude. In dir spürst du vielleicht die Sehnsucht, dass diese Worte stimmen und dass sie dich berühren. In der Sehnsucht nach Freude ist schon Freude. So kommst du durch die Sehnsucht nach der Freude mit der Freude in Berührung, die schon in dir ist. AG

Freu dich an dem, was Gott dir täglich schenkt.

Freude entsteht, wenn ich es mir bewusst mache: Jetzt bin ich glücklich

Wenn wir Freude einmal mit „zutiefst empfundenem Glück" übersetzen, dann fallen mir vor allem wundervolle Begegnungen mit meiner Lebensfreundin und Ehepartnerin ein – das erste Verliebtsein, die sexuelle und innerliche Vertrautheit nach Jahrzehnten, Momente und Erlebnisse unterwegs auf Reisen. Mir fallen magische Momente mit unseren Kindern ein, überhaupt das große Geschenk, gemeinsam mit unseren eigenen Kindern wachsen und reifen zu dürfen. Natürlich ist unser Zusammenleben nicht immer eitel Sonnenschein, aber es gibt sie, diese Momente der Freude und des Glücks – die dann urplötzlich aufleuchten und mich innerlich bereichern und froh machen.

Als Musiker und Autor erfüllt es mich immer wieder mit Freude, Lieder und Texte fertigzustellen und zu komponieren, etwas Neues zu schaffen.

Ich empfinde es, bei all den Anstrengungen, als ein großes Glück, mit meinen musikalischen

Freunden Jahr für Jahr übers Land reisen und für andere Menschen Konzerte geben zu dürfen.

Echte, gelungene Begegnungen mit anderen Menschen erfüllen uns mit Freude. Aber gerade wir Deutschen haben manchmal auch ein Problem mit der Freude, denn wir sind von unserer Grundgestimmtheit eher freudlose Wesen, habe ich den Eindruck.

Für mich hat erlebte und gelebte Freude vor allem auch damit zu tun, dass mir klar wird: „Hey, im Moment zwickt nichts, du bist satt und du hast liebe Menschen um dich, nun sei doch mal glücklich!" Ich möchte lernen, mir diese Momente und Zeiten, wenn sie da sind, bewusst zu machen. *CB*

Freude entsteht, wenn ich es mir bewusst mache: Jetzt bin ich glücklich.

Freude wächst
aus der Liebe zum Leben

„Geld macht nicht glücklich", sagt der Volksmund. Ein Freund hat dieses Sprichwort ergänzt: „… na ja, aber es hilft, das Unglücklichsein besser zu ertragen!"

Der Literaturkritiker Marcel Reich-Ranicki soll, auf diesen Satz angesprochen, gesagt haben: „Es ist ein Unterschied, ob man in einem Taxi oder einem Bus weinen muss." Amüsant, ja. Allerdings: Wenn Sie einmal kurz überlegen, wann Sie das letzte Mal zutiefst Freude erlebt haben und was das mit Ihrem Kontostand zu tun hatte, werden Sie feststellen: Freude kann man nicht kaufen. Freude hat etwas mit Begegnung und mit den Regungen in unserem Innersten zu tun. Freude wächst aus der Liebe zum Leben.

Die acht Seligpreisungen Jesu atmen diese Liebe zum Leben. Bevor der Nazarener die Programmatik seiner Bergpredigt entfaltet, stellt er die Freude am Leben in den Vordergrund. Er sagt „Selig – von tiefer Freude erfüllt sind …" und fährt fort: „… die reinen Herzens sind", „… die Leid tragen, denn sie sollen getröstet werden", „… die Friedfertigen".

An keiner Stelle dieser acht Seligpreisungen spielt der Besitz oder das, was ein Mensch an Gütern gesammelt hat, eine Rolle. Der Blick aufs Geld und zutiefst empfundene Freude scheinen sich für Jesus geradezu auszuschließen: An anderer Stelle sagt er: „Niemand kann zwei Herren dienen, entweder er dient dem Geld/Mammon oder aber Gott!"

Ich möchte es lernen, trotz all der Gedanken, die ich mir als Familienvater immer wieder über „das liebe Geld" mache, stets Gott den ersten Platz in meinem Denken einzuräumen. *CB*

Freude wächst aus der Liebe zum Leben.

Freu dich, wenn du dich wiederfindest

Der Evangelist Lukas schildert uns das Wirken Jesu so, dass es in den Menschen seiner Umgebung Freude hervorruft. Und man spürt in der Art, wie Lukas erzählt, seine eigene Freude an der Person Jesu und seiner Ausstrahlung.

Die Freude begegnet uns schon bei der Geburt Jesu. Da verkündet der Engel den Hirten eine große Freude, weil ihnen der Heiland, der Retter der Welt, geboren ist. Wenn Jesus einen Kranken heilt, dann freut sich das ganze Volk (vgl. Lukas 13,17).

Jesus erzählt Gleichnisse, die in den Menschen Freude auslösen. Er erzählt vom verlorenen Sohn und von der verlorenen Drachme.

Wenn der Mensch das Verlorene in sich findet, dann herrscht bei den Engeln im Himmel Freude über den, der sich selbst wiedergefunden hat, der umgekehrt ist von Wegen, die ihn in die Irre führten.

In jeder Eucharistiefeier, in jedem Abendmahl wird auch Wirklichkeit, was Jesus dem Zöllner

Zachäus zusagt: „Heute muss ich in deinem Haus zu Gast sein. Heute ist diesem Haus das Heil geschenkt worden" (Lukas 19,5.9). Und wir sollten wie Zachäus Jesus freudig in uns aufnehmen (Lukas 19,6).

Meditiere die Zachäusgeschichte (Lukas 19,1-10).

Du musst dich nicht zur Freude zwingen. Aber vielleicht spürst du, wie da auf einmal in dir Freude hochkommt. Wenn dein Leben sich wandelt, wenn du dich ganz und gar angenommen und geliebt fühlst, dann ahnst du, was Freude ist. AG

*Freu dich,
wenn du dich wiederfindest.*

„Lass mich zu dem Menschen werden, für den mein Hund mich hält"

Da mein Vater Pfarrer im Reisedienst war, mussten wir als Familie sehr oft umziehen. Eine Zeit lang lebten wir auch als Familie in den USA. Deshalb hatte ich als angehender Teenager außer der eigenen Familie praktisch keine Bezugspersonen. Als ich im Alter von dreizehn Jahren einen kleinen Hund haben durfte, erschien mir diese kleine Dackeldame – wir nannten sie „Heidi" – wie ein großes, wunderbares Geschenk. Sie war für mich für lange Zeit mein allerbester Freund. Wenn ich traurig war: Sie verstand mich. Wenn ich einsam war: Sie war da. Wenn ich draußen etwas unternehmen wollte: Ich hatte Heidi mit dabei. Sie schlief sogar mit mir in einem Bett (am Fußende) und kam morgens zu mir hochgekrochen und weckte mich, indem sie mir freudig quiekend das Gesicht ableckte. Und natürlich: Niemand kann seine Wiedersehensfreude so sehr zeigen wie ein Hund. Da bebt der ganze Körper, ein Hund ist regelrecht außer sich vor Freude und man fragt sich mitunter: Worüber freut sich dieses Wesen eigentlich so?

Von unseren amerikanischen Freunden habe ich ein Gebet gelernt: „Lieber Gott, lass mich zu dem Menschen werden, für den mein Hund mich hält!" Ein wundervoll humorvolles Gebet, das mir hilft, einen heilsamen Perspektivwechsel zu vollziehen.

So wie Heidi mich nach der Schule begrüßte, hatte ich den Eindruck: „Du bist unheimlich wertvoll und für diesen Dackel bist du der wichtigste Mensch auf Erden!" Heidi war selig, wenn sie mich wiedersah, und ich ließ mich gerne anstecken von ihrer Seligkeit. *CB*

„Lass mich zu dem Menschen werden, für den mein Hund mich hält!"

Erinnere dich an die Freuden,
die du im Lauf deines Lebens hattest

Für Paulus ist die Freude eine Frucht des Geistes, von Gott selbst gewirkt. Es ist eine Freude im Herrn. Die Nähe des Herrn, der uns errettet hat und uns liebt, ist der Grund der Freude, zu der uns Paulus im Philipperbrief ermahnt: „Freut euch im Herrn zu jeder Zeit! Noch einmal sage ich: Freut euch! Eure Güte werde allen Menschen bekannt. Der Herr ist nahe" (Philipper 4,4 f).

Die Kunst des Lebens – so meinen die Kirchenväter vor dem Hintergrund der paulinischen Texte – besteht darin, sich immer freuen zu können. Die Kirchenväter sprechen von der unvergänglichen Freude.

Wir meinen, wir könnten uns nur freuen, wenn wir etwas Schönes erlebt haben, wenn wir eine gute Beurteilung bekommen haben. Die Kunst des Lebens besteht jedoch darin, in sich eine Freude zu haben, die auch nicht durch das Leid zerstört werden kann. Diese Freude werde ich nicht immer nach außen hin zeigen. Aber als Grundstimmung ist sie in mir.

Horche in dich hinein. Da wirst du Ärger und Unruhe, Schmerz und Traurigkeit spüren. Aber gehe durch diese Gefühle hindurch und stelle dir vor, dass unterhalb all dieser Gefühle in dir auch eine Quelle der Freude ist. Versuche, diese Freude in dein Bewusstsein strömen zu lassen. Und erinnere dich, wie du dich als Kind gefreut hast. Vielleicht kommst du dann mit dieser Quelle der Freude in dir in Berührung. AG

Erinnere dich an die Freuden, die du im Lauf deines Lebens hattest.

Kommunikation

Wir kommunizieren immer

Ein Grundsatz der Kommunikationsforschung lautet: Wir kommunizieren immer. Selbst wenn wir das Gespräch abgebrochen haben, ist das eine Art von Kommunikation. Es ist eine gescheiterte Kommunikation. Wir kommunizieren nur noch unsere Sprachlosigkeit oder aber unser Misstrauen oder unsere Ablehnung. Wenn ich in einer Gruppe schweige, kommuniziere ich auch.

Es gibt eine gute Kommunikation im Schweigen, ein Sicheinverstandenfühlen mit den Menschen in meiner Umgebung. Es gibt aber auch das aggressive Schweigen. Ich benutze Schweigen als Machtmittel gegen die andern. Ich verschließe mich, gebe nichts von mir preis. Damit verunsichere ich die andern. Sie wissen nicht, woran sie sind. Aber ich kann mich der Kommunikation nicht entziehen. Es geht immer etwas von mir aus.

Wenn ich das ernst nehme, dann wäre es gut, wenn von mir gute Signale ausgehen. Dann geht es mir auch selbst besser damit. Denn wenn ich nur negative Signale aussende, werde ich auch nur negative Impulse empfangen. Das belastet mich. Wenn es dagegen zwischen mir und den andern gut hin- und hergeht, fühle ich mich wohl.

Überlege dir, welche Signale du aussendest, wenn du bei der Arbeit bist, wenn du daheim bei der Familie bist und wenn du dich mit Freunden unterhältst. Geht von dir Zustimmung zum Leben aus, Wohlwollen den Menschen gegenüber? Oder ist deine Ausstrahlung eher destruktiv? Spüren die Leute, dass du mit allem unzufrieden bist? Fühlen sich die Menschen in deiner Umgebung von dir bewertet, beurteilt oder gar verurteilt?

AG

Wir kommunizieren immer.

Es tut mir gut,
wenn ich es lerne zu schweigen

Manchmal sitze ich im Kreis von Freunden und Bekannten und erzähle etwas. Auf einmal merke ich: Es hört mir gar niemand zu. Das ist meist ein peinlicher Moment. Ich suche mir dann irgendein Augenpaar, das mich noch mit Anstand den begonnenen Satz beenden lässt, aber selbst das klappt nicht immer. Mit dem Satz des Humoristen Loriot „Würde es genügen, wenn ich mich auflösen würde?" versuche ich dann wieder irgendwie ins Geschehen einzutreten, ohne dass die anderen merken, dass ich gar nicht weg war.

Es gibt verwirrende kommunikative Situationen, in denen wir den Eindruck gewinnen: Niemand hört mich! Des Öfteren habe ich mich in diesem Zusammenhang gefragt: Wie mag sich Gott, unser Vater im Himmel, wohl vorkommen, wenn er versucht, zu uns durchzudringen?

Über 1.200 Werbeimpulse belagern uns im Durchschnitt täglich. Hinzu kommen jede Menge

Informationsfetzen, Bilder, Schlagzeilen und Radio-
ansagen. Welche Chance hat da die liebevolle, un-
aufdringliche Stimme des Schöpfers, zu mir durchzudringen? – Keine, es sei denn, ich entscheide mich
bewusst für die Stille. Das ist gar nicht so einfach –
aber ich kann und will es üben, still zu sein.

Oft spüren wir ihn doch, den Impuls in unserem
Inneren, den wir immer wieder beiseiteschieben,
weil sich so vieles andere laut und bunt in den Vordergrund drängt. Es tut mir gut, wenn ich es wage,
mich dem zu entziehen und zu schweigen lerne –
regelmäßig, vielleicht am Morgen –, wenn ich zu
schweigen lerne … und auf das zu hören, was Gott
vielleicht schon seit Längerem zu mir sagt.   *CB*

*Es tut mir gut, wenn ich es
lerne zu schweigen.*

Die Kommunikation beginnt
bei den Gedanken

Dietrich Bonhoeffer meinte einmal: Ob wir vom Geist Jesu geprägt würden oder nicht, das fange bei unseren Gedanken an. Oft denken wir keine guten Gedanken über den andern. Wir urteilen über ihn, wir werten ihn innerlich ab. Oder wir haben ihm gegenüber feindliche Gedanken. All diese Gedanken wirken auf den andern. Der andere nimmt es wahr. Wir vergiften mit solchen Gedanken die Atmosphäre.

Paulus ruft uns auf, mit der Erneuerung beim Denken anzufangen: „Gleicht euch nicht dieser Welt an, sondern wandelt euch und erneuert euer Denken" (Römer 12,2).

Indem wir gute Gedanken über die Mitmenschen denken, verändern wir die Beziehung zu ihnen. Paulus geht davon aus, dass die Welt schlecht denkt über die Menschen. Sie urteilt über sie und verurteilt sie. Christliches Denken soll vom Geist Jesu ausgehen. Wenn wir gute Gedanken über den andern denken, dann ändern wir die Atmosphäre, dann schaffen wir die Bedingung dafür, dass eine gute Kommunikation auch im Gespräch möglich wird.

Beobachte dich einmal, wenn du in eine Gruppe kommst! Welche Gedanken kommen dir da über die anderen? Vergleichst du dich sofort mit andern? Versuchst du, andere abzuwerten, versuchst du dich aufzuwerten? Und prüfe dich, welche Gedanken jetzt in dir sind. Sind es Gedanken, die dem Denken Jesu entsprechen oder dem Denken der Welt, die alles beurteilt und verurteilt? AG

Die Kommunikation beginnt
bei den Gedanken.

Oft sind es die Stillen, die Wichtiges zu sagen hätten.

Ein schon länger verheiratetes Ehepaar sitzt sich beim Essen gegenüber, plötzlich spritzt etwas Soße auf das Hemd des Mannes. Er versucht, sein Hemd zu säubern, aber es gelingt ihm nicht wirklich. Da wendet er sich schmunzelnd an seine Frau und sagt: „Schau mal, ich sehe aus wie ein Schwein!"

Daraufhin erwidert die Frau: „Stimmt ... und jetzt hast du dich auch noch bekleckert!"

Es gibt wunderbare Beispiele von misslungener Kommunikation; wir Menschen sind Meister darin, einander nicht wirklich zuzuhören und aneinander vorbeizureden. Das können wir in vielen Situationen des Alltags und auch des öffentlichen Lebens beobachten.

Im Deutschen Bundestag z. B., wenn dort ein Vertreter einer anderen Partei eine Rede hält, hört man ihm in der Regel nicht wirklich zu. Zum einen hat jeder und jede das Manuskript schriftlich vorliegen und zum anderen ist man sowieso und schon aus Prinzip anderer Meinung.

Und schon ertappe ich mich selbst, wie ich mit Schubladendenken und vorgefertigten Meinungen durch das Leben marschiere und oft gar nicht mehr bereit bin, das zu hören, was mein Gegenüber wirklich sagt.

Man möchte gerne schlagfertig sein, was leider allzu häufig auf Kosten der Wahrheit geht. Oft sind es wohl die Stillen, die sprachlich nicht besonders Begabten, die Wichtiges zu sagen hätten. Es wäre doch spannend, einmal auf jemanden zuzugehen, der schüchtern wirkt und scheinbar nichts Originelles beizutragen hat, und ihn oder sie einfach mal zu fragen: „Was denkst du und wie lebst du?"   *CB*

Oft sind es die Stillen, die Wichtiges zu sagen hätten.

Unsere Sprache verrät uns

Unser normales Mittel der Kommunikation ist die Sprache. Die Magd sagt zu Petrus: „Deine Sprache verrät dich ja." Wir verraten uns mit unserer Sprache. Das gilt nicht so sehr für den Dialekt, der unsere Herkunft verrät. Vielmehr verrät die Art unseres Sprechens, wie wir denken und was wir denken.

In der Wirtschaft und in den Medien wird heute oft eine sehr kalte Sprache gesprochen. Eine kalte Sprache führt dazu, dass die Menschen sich verschließen. Denn niemand will sich an meiner Kälte erkälten. Oft ist es eine verurteilende, menschenverachtende, bewertende und verletzende Sprache.

Die Kirchenväter sagen: Mit der Sprache bauen wir ein Haus. Wenn wir ständig eine vorwurfsvolle oder verurteilende Sprache sprechen, dann bauen wir ein Haus, in dem niemand gerne wohnen möchte. Es ist ein kaltes, ungastliches Haus, in das man nur kurz hineingeht, um möglichst schnell wieder herauszukommen.

Lukas hat Pfingsten als Sprachereignis geschildert. Da kommt der Heilige Geist in Feuerzungen herab. Eine Sprache, die vom Heiligen Geist geprägt ist, wärmt die Herzen der Menschen. Da springt ein Funke über. Da entsteht Gemeinschaft. Und diese Gemeinschaft möchte etwas bewegen, in Gang bringen.

Achte einmal auf deine Sprache. Wie oft ist in deiner Sprache Härte, Aggression, Verachtung und Verurteilung? Spüren die Menschen, wenn du sprichst, dass du mit dir im Einklang bist? Sind deine Worte wohlwollend und ermutigend? Spüren die Menschen darin deine Liebe oder deine Ablehnung? Verbreitest du mit deinen Worten Versöhnung oder spaltest du? AG

Unsere Sprache verrät uns.

Das Eigentliche geschieht oft nonverbal

Im Neuen Testament wird berichtet, wie ein Blinder zu Jesus gebracht wurde – mit der Bitte, dass er ihn anrühren möge. Es sind Freunde dieses Blinden, die darauf vertrauen, dass Jesus ihn heilen kann, und zwar durch Berührung.

Aus eigener Erfahrung weiß ich, dass die Kommunikation, das, was man mir zum Beispiel in einem Film vermitteln möchte, dann besonders gelungen ist, wenn ich angerührt werde. Das bedeutet, ein Regisseur komponiert die Szenen und die Dramaturgie eines Filmes so, dass er mich gewissermaßen „an die Hand nimmt" und genau an den Punkt führt, an dem er mich „anrühren" kann.

Genau das tut Jesus: Er nimmt den Blinden an die Hand. Dann führt er ihn hinaus vor den Ort, weg von dem Trubel, heute würden wir vielleicht sagen: weg von den vielen Ablenkungen unseres Alltags, an genau jenen Ort, an dem er ihn anrühren kann. Nachdem er ihn angefasst und geführt hat und ein gutes Stück mit ihm gegangen ist, kommt er an ein ruhiges Plätzchen. Dort rührt er mit Speichel und Sand eine Paste an, die er dem Blinden auf die Augen streicht.

Bis zu diesem Zeitpunkt haben die beiden übrigens noch kein Wort miteinander gewechselt.

Wir denken immer, Kommunikation besteht in erster Linie aus Worten. Doch die ersten Worte, die Jesus zu dem blinden Menschen sagt, lauten: „Was siehst du?" Erst als die Heilung schon begonnen hat, redet er also. Wie spannend wäre es, wenn die liebevollen Auswirkungen unseres Glaubens so überzeugend wären, dass wir nur noch fragen müssten: „Was siehst du?"   *CB*

Das Eigentliche geschieht oft nonverbal.

Freunde setzen sich auch auseinander

„Frauen sind anders, Männer auch!" Der Büchermarkt ist voll von Veröffentlichungen, die der unterschiedlichen Art von Männern und Frauen, sich mitzuteilen, mal humorvoll, mal tiefgründiger nachgehen.

Gerade wir Männer sind ja nicht immer die Mitteilsamsten, so nach dem Motto: „Also, dass ich dich liebe, hab ich dir bei der Hochzeit gesagt, wenn sich etwas ändert, dann melde ich mich!" Viele Ehen gehen daran zugrunde, dass Mann und Frau nicht lernen oder gelernt haben, so miteinander zu reden, dass beide Seiten sich auch verstanden fühlen. Leider gilt auch hier der alte Satz: „Wer nicht lernt, sich mit dem anderen auseinanderzusetzen, geht irgendwann auseinander!"

Viele Ehen zerbrechen zum Beispiel dann, wenn plötzlich Kinder da sind. Vielleicht war das ein großer Wunsch, der endlich in Erfüllung gegangen ist, doch auf einmal zieht dieses Kind die gesamte Aufmerksamkeit und liebevolle Zuwendung auf sich.

Als Mann fühle ich mich plötzlich vernachlässigt, meine Liebespartnerin ist, gewissermaßen über Nacht, zum „Muttertier" mutiert und ich ziehe mich irritiert zurück.

Die Frau wiederum hat das Gefühl, nun auf einmal statt einem Kind zwei Kinder versorgen zu müssen, nämlich das Neugeborene und den regredierenden, gekränkten Ehemann. Solch eine Situation kann auf die Dauer nicht gut gehen, die beiden müssen miteinander reden und neu ins Gespräch kommen, sonst zieht sich jeder zurück und übrig bleibt bestenfalls so eine Art „Schwesterchen-und-Brüderchen-Beziehung".   *CB*

Freunde setzen sich auch auseinander.

Liebe

Lass dich von der Erfahrung der Liebe zur Quelle der Liebe führen

Wir alle sehnen uns danach, zu lieben und geliebt zu werden. Aber wir erfahren in unserer Liebe, dass die Liebe uns erfüllen und enttäuschen, verzaubern und auch verletzen kann. Das Ziel dieser Sehnsucht nach Liebe ist nicht, dass jemand kommt, der uns für immer satt liebt. Das wäre eine Illusion.

Das Ziel unserer Erfahrungen von Erfüllung und Enttäuschung ist vielmehr, dass wir durch die menschliche Liebe hindurch an die Quelle der Liebe geraten, die in uns ist, dass wir nicht nur lieben und geliebt werden, sondern Liebe sind. Eine Frau erzählte, dass sie bei einem Spaziergang auf einmal das Gefühl hatte, sie sei ganz Liebe. Sie liebte nicht einen bestimmten Menschen, sondern sie war Liebe. Von ihr strahlte Wohlwollen zu allem aus. Da machte sie genau die Erfahrung, die Johannes in dem berühmten Wort ausdrückt: „Gott ist Liebe. Und wer in der Liebe bleibt, bleibt in Gott, und

Gott bleibt in ihm" (1. Johannes 4,16). Da spürte sie, dass diese Quelle der göttlichen Liebe ihr nicht genommen werden kann.

Setze dich einmal an einen Ort, an dem du dich wohlfühlst, in eine Kirche oder in einen bequemen Sessel in deiner Wohnung. Stell dir vor, dass unter all den Gefühlen, die du in dir spürst, auf dem Grund deiner Seele Liebe ist. Es ist eine Quelle der Liebe, die nie versiegt. Lass diese Liebe in deinen Leib strömen, aber auch in den Raum, in dem du sitzt, und über den Raum hinaus in die Natur, zu allen Menschen. Wenn du spürst, dass die Liebe in dir ist, dass du einfach Liebe bist, dann wirst du ganz still und bist ganz im Einklang mit dir und mit allem, was ist.   *AG*

Lass dich von der Erfahrung der Liebe zur Quelle der Liebe führen.

Wer sich Zeit für andere nimmt, dem wird erfüllte Zeit geschenkt

Von Anfang an war eines der markantesten Merkmale der christlichen Gemeinden der liebevolle Umgang untereinander. „Siehe, wie lieb sie einander haben!", das war eine der ersten erstaunten Bemerkungen Außenstehender in der Begegnung mit den ersten Christen.

In der Bibel begegnen uns verschiedene Spielarten der Liebe und die bekannteste Variante ist sicherlich die *Caritas,* die liebende Fürsorge für die Armen, Alten, Kranken und Schwachen. Welche Rolle spielt diese Art der Liebe in meinem Leben?

Mir persönlich geht es so, dass mich solche Begegnungen entschleunigen. Wir haben immer so viel Wichtiges „auf dem Zettel", was unbedingt erledigt werden muss ... und wenn ich dann am Bett eines Kranken sitze, begegne ich da einer Situation, in der plötzlich jemand herausgenommen wurde aus all dem, was unbedingt zu erledigen war. Mir wird auf einmal bewusst: Es geht auch ohne mich, es muss auch ohne mich gehen.

Als jemand, der einen Krankenbesuch macht, habe ich Teil an dieser Erkenntnis, und indem ich mir Zeit nehme für einen anderen, dem es nicht so gut geht, nehme ich mir nicht nur Zeit für ihn, sondern auch für die schwachen Anteile in meinem Leben. Solche Begegnung tut gut. Und schenkt Freude.

Es gibt so viele einsame Menschen, Menschen, die darauf warten, dass jemand kommt und sie besucht. „Wer gibt, dem wird gegeben! Wer anklopft, dem wird aufgetan!", sagt Jesus. Wer sich Zeit nimmt für andere, dem wird eine Zeit geschenkt, in der er sich selbst auf ganz neue Weise begegnet. *CB*

Wer sich Zeit für andere nimmt, dem wird erfüllte Zeit geschenkt.

Lass dich von der Sehnsucht
nach Liebe leiten

Viele denken beim Wort Liebe an das Verliebtsein. Als sie sich in jungen Jahren in eine Frau oder einen Mann verliebten, da schwebten sie gleichsam wie auf Wolken. Da wurde alles in ihnen lebendig.

Das Verliebtsein steht am Anfang jeder großen Liebe. Aber häufig verlieben wir uns auch später noch, selbst wenn wir glücklich verheiratet sind. Viele geraten dann in Angst, die eigene Ehe zu zerstören. Gegen das Verliebtsein ist kein Kraut gewachsen. Aber es kommt darauf an, dass ich verantwortungsvoll damit umgehe.

Wir verlieben uns normalerweise in einen Mann, in eine Frau, die etwas lebt, was auch in uns vorhanden ist, was wir aber vernachlässigt haben. Daher ist die erste Aufgabe beim Verliebtsein, dass wir in uns hineinhorchen, was wir in uns zu wenig beachtet haben. Eine geschiedene Frau verliebte sich in einen Musiker, der aber noch andere Frauenbeziehungen hatte. Sie kam nicht los davon,

obwohl er sie ständig verletzte. Im Gespräch meinte sie, er würde die Leichtigkeit des Seins verkör-
pern. Da spürte sie, was ihre Aufgabe war: nicht
sich von diesem Mann immer wieder verletzen zu
lassen, sondern die Leichtigkeit des Seins selbst zu
leben. Das hat ihr Leben bereichert.

*In welche Männer oder Frauen verliebst du dich ger-
ne? Was zieht dich so an ihnen an? Was möchten sie in
dir zum Leben wecken? Stell dir vor, dass die Liebe,
die du im Verliebtsein spürst, dir gehört, ganz gleich,
ob der andere deine Liebe erwidert. Dann bist du nicht
verzweifelt, wenn du nur einseitig das Verliebtsein
spürst. Es macht dich auf jeden Fall lebendiger.*   *AG*

Lass dich von der Sehnsucht
nach Liebe leiten.

Die Liebe, die Gott uns schenkt,
kennt keine ausweglosen Situationen

„Die Bibel ist der Liebesbrief Gottes an den Menschen", hat jemand einmal gesagt. Und in der Tat, vor allem im Neuen Testament wird diese Liebe stark betont: die göttliche Liebe, die Liebe zwischen Gott dem Vater und Jesus dem Sohn, wie sie bei der Taufe Jesu zum Ausdruck kommt: „Siehe, dies ist mein geliebter Sohn, an dem ich Wohlgefallen habe!" Es ist dieselbe Liebe, die sich von Gott her uns Menschen entgegenstreckt und in der Bibel mit *Agape* bezeichnet wird.

Wenn Jesus in der Bergpredigt von der Feindesliebe spricht und seinen Zuhörern provokant entgegentritt mit den Worten „Seine Freunde lieben, das kann jeder, ich aber sage euch: Liebet eure Feinde, segnet, die euch verfluchen!", so meint er damit diese göttliche Liebe, die den Menschen, der sich Gott zuwendet, erfüllt und ihn so zu Übermenschlichem befähigt.

Deshalb bringt Jesus, mitten in der Bergpredigt,

seinen fassungslosen Jüngern das wundervolle Gebet „Vater unser" bei. Er sagt damit: Wenn ich an
meine Grenzen gerate, wenn ich sage: „Das geht
nicht und das kann ich nicht!", genau dann darf
ich vor den Schöpfer des Kosmos treten und ihn
mit „Vater" ansprechen und beten: „Dein Reich
komme, dein Wille geschehe." Damit kann ich bit-
ten: „Komm du mit deiner Kraft und deiner Liebe
und deiner Vergebung in mein Leben und ver-
ändere mich im Namen der Liebe" … und dann
wird Glaube und Christsein auf einmal etwas sehr
Spannendes: Ich werde zum Überschreiter meiner
eigenen Grenzen, mehr und mehr erfüllt von der
Gegenwart des liebenden Gottes.   *CB*

*Die Liebe, die Gott uns
schenkt, kennt keine
ausweglosen Situationen.*

Liebe mit dem Herzen,
aber auch mit den Augen

Das deutsche Wort Liebe kommt von der mittel-
hochdeutschen Wurzel „liob = gut". Es hängt mit
zwei anderen Wörtern zusammen, mit Glauben
und Loben. Glauben heißt: das Gute sehen, das
Gute in einem Menschen erkennen, mit guten Augen in die Welt schauen. Und loben heißt: das Gute
benennen, gut von einem Menschen reden, gute
Worte aussprechen, die der Seele guttun.

Lieben bedeutet dann, gut mit dem Menschen
umgehen, den ich mit guten Augen anschaue, in
dem ich das Gute erkenne und dem ich vertraue,
dass er sich nach dem Guten sehnt.

Der Glaube und die Liebe wecken das Gute im
Menschen. Und so werde ich fähig, auch gut mit
ihm umzugehen.

In einem alten Mönchsspruch heißt es: „Ein böses
Wort macht auch die Guten böse. Ein gutes Wort
macht die Bösen gut." Die Liebe ist also schöpfe-
risch. Sie schafft das Gute, an das sie glaubt, und

lässt es im andern aufblühen, und natürlich auch in sich selbst.

Gehe mal die Menschen durch, mit denen du zu tun hast in der Familie, in der Gemeinde, im Verein und in der Firma: Kannst du in allen das Gute sehen oder fällt es dir schwer? Kannst du all diese Menschen lieben oder nur die, die dir gut erscheinen? Versuche, durch die manchmal unangenehme Fassade des Einzelnen hindurchzusehen und auf den Grund der Seele zu schauen. Stelle dir vor, dass da Gutes ist, dass da zumindest die Sehnsucht ist, gut zu sein. Und dann versuche, die Menschen, die du mit den Augen des Glaubens anschaust, auch zu lieben, ihnen Gutes zu wünschen und ihnen mit Wohlwollen zu begegnen. AG

Liebe mit dem Herzen, aber auch mit den Augen.

Wir brauchen kostbare Momente, in denen wir innehalten

„Freunde sind Gottes Entschuldigung für Verwandte", sagt ein irisches Sprichwort. Das Kuriose an diesem Sprichwort ist, dass auch diejenigen darüber schmunzeln können, die selbst zu den Verwandten zählen.

Freunde sind wichtig – sie sind Seelenverwandte, in deren Nähe wir uns wohl- und geschützt fühlen. Auch im Neuen Testament werden Situationen der Freundschaft beschrieben, etwa wenn sich Jesus zurückzog in den engsten Kreis seiner Freunde oder wenn er im Haus von Martha und Maria zu einem Gastmahl eingeladen war. Diese Form der privaten, menschlichen Zuneigung nannte man in der Antike „Filia".

Wir brauchen diese Momente der Wertschätzung, der Freundschaft und der Gastfreundschaft – es sind festliche Momente, kostbare Momente, in denen wir innehalten und die Festlichkeit des Lebens bestaunen und genießen.

Es macht Freude, liebe und geschätzte Menschen einzuladen und zu bewirten. Wenn wir einander einladen, lassen wir es den anderen spüren, hören, sehen, riechen und schmecken, wie sehr wir uns über das Geschenk der Freundschaft freuen.

Ein Gastmahl braucht Zeit, und auch eine wirkliche Freundschaft braucht Zeit, das kommt auch in dem biblischen Bild des Weges zum Ausdruck. Ein Weg, den man (auch im übertragenen Sinne) gemeinsam geht, ist wie ein längerer gemeinsamer Spaziergang. Er kann uns helfen, in der Begegnung mit einem vertrauten Menschen, ganzheitlich umhüllt, manches zur Sprache zu bringen, was uns bedrängt, und so die Vertrauensbasis einer Freundschaft stärken. Wie wohltuend wäre es, sich diese Zeit wieder einmal zu nehmen! *CB*

Wir brauchen
kostbare Momente,
in denen wir innehalten.

Lass dich von der Liebe heilen

Was heißt es konkret, den Nächsten zu lieben? Jesus hat das Beispiel vom barmherzigen Samariter erzählt. Der Nächste ist der, der unter die Räuber gefallen ist, der verletzt und ausgeplündert am Straßenrand liegt.

Lieben heißt dabei nicht, den andern sein ganzes Leben lang mit sich herumzutragen. Der Samariter geht auf ihn zu, lädt ihn auf sein Lasttier und übergibt ihn in der nächsten Herberge dem Wirt. Er tut das, was er zu tun in der Lage ist. Aber er überfordert sich auch nicht.

Manchmal dürfen wir die Erfahrung machen, dass unsere Liebe andere Menschen verwandelt. So erzählt eine chassidische Geschichte: Ein Jude brachte seinen unbezähmbaren Sohn zu einem Rabbi. Er sei widerspenstig und unausstehlich. Er wisse nicht mehr, was er mit ihm machen solle. Der Rabbi umarmte den Jungen so lange, bis er sich bedingungslos geliebt fühlte. Dann übergab er ihn verwandelt und geheilt seinem Vater.

Liebe ist etwas Aktives. Sie bringt das Gute im anderen zum Vorschein. Die Liebe heilt. Sie verwandelt. Doch schon manche Frau ist damit gescheitert, dass sie ihren alkoholkranken Mann gesundlieben wollte. Bei aller verwandelnden Kraft der Liebe müssen wir immer auch unsere Grenze akzeptieren. Allein Gottes Liebe ist unbegrenzt.

Welche Wunden in dir hat die Liebe eines Menschen geheilt? Und wie ist es dir mit deiner Liebe gegangen? Hast du dich da manchmal überfordert, indem du glaubtest, du könntest jeden Menschen durch deine Liebe heilen oder zumindest besser machen? Und wo durftest du erfahren, dass deine Liebe etwas im anderen bewirkt und geheilt hat?   *AG*

Lass dich von der Liebe heilen.

Achtsamkeit

Achte auf den Augenblick

In die Achtsamkeit einzuführen, ist das Ziel aller
spirituellen Wege. Jede Religion kennt die Achtsamkeit vor den Dingen, vor dem Menschen und
vor dem Augenblick. Wenn ich achtsam bin, achte ich auf alles, was ich tue. Ich bin ganz bei dem,
was ich in die Hand nehme. Ich nehme wahr, was
gerade ist. Wenn ich mich mit Achtsamkeit wa-
sche, wird mir bewusst, was für ein Geheimnis das
Waschen ist. Ich reinige mich von allem Schmutz,
nicht nur von äußerem Schmutz, sondern vor allem
von meiner inneren emotionalen Verschmutzung.
Ich reinige mich von dem, was mein ursprüng-
liches und unverfälschtes Bild trübt. Ich spüre das
Wasser, das mich erfrischt und das alles abwäscht,
was mein wahres Bild verstellt. Alles, was ich tue,
bekommt durch die Achtsamkeit eine tiefere Bedeutung.

Das deutsche Wort „achtsam" kommt von der
indogermanischen Wurzel „ok", die „nachdenken,
überlegen" bedeutet. Achtsam ist also der, der bei

dem, was er tut, überlegt, was da eigentlich geschieht.

Versuche einmal, ganz achtsam zu gehen. Gehe im Wald spazieren und nimm alles wahr, was um dich herum ist. Spüre, was du eigentlich tust, wenn du gehst, dass du dich da freigehst von Bindungen, von deiner Vergangenheit, spüre, dass du immer auf dem Weg bist und nicht stehen bleiben kannst. Du bist immer wandernd in Wandlung. Und du gehst auf ein Ziel zu. Wenn du achtsam gehst, spürst du im Gehen das ganze Geheimnis deines Lebens, das letztlich ein Weg zu Gott ist.   *AG*

Achte auf den Augenblick.

Behutsam auf uns selbst
und andere achten

Worauf achte ich in meinem Alltag?

Es beginnt frühmorgens mit dem Aufstehen. Noch bevor ich mich aus dem Bett schäle, höre ich die Geräusche im Haus und draußen: Wie ist das Wetter? Wie ist die Stimmung? Dann der Blick in den Spiegel: Worauf achte ich da? Ich achte auf mein Gesicht, ich sehe die Ringe unter den Augen. Habe ich Kopfschmerzen? Wie geht es mir? Ich achte auf meine Frau und wir achten darauf, dass unsere Kinder vor der Schule ein Frühstück bekommen und ein Pausenbrot mit in die Schule nehmen. Wir achten darauf, dass sie alle Schulsachen dabeihaben und dem Wetter gemäß gekleidet sind. Wir achten darauf, dass unsere Kinder halbwegs ordentlich das Haus verlassen. – So könnte man jetzt den ganzen Tag weiter durchbuchstabieren und würde dabei feststellen, dass die Achtsamkeit ein ganz wichtiges Element in unserem Leben ist. Ja, auch immer wieder ein Blick in den Spiegel ist gut – er hilft uns darauf zu achten, wie wir aussehen und wie wir uns, in der Öffentlichkeit präsentieren.

Auch hier gilt es das rechte Maß zu finden, um nicht wie der zwanghafte Fernsehdetektiv Mr Monk immer und überall alles zurechtrücken zu wollen: Es gibt auch im echten Leben durchaus eine krankhafte Form der Achtsamkeit, die ins Zwanghafte führen kann. Zu viel ist also genauso schlecht wie zu wenig: Grundsätzlich ist es gut und ganz „im Sinne des Erfinders", wenn wir auf uns selbst und andere achten. Die Texte der Bibel sind geprägt von einer großen Achtsamkeit. Gott, der Schöpfer des Himmels und der Erde, achtet auf uns – und er achtet uns, er hat uns im Blick und möchte, dass wir frei und ohne Angst leben.   *CB*

Behutsam auf uns selbst und andere achten.

Die Achtsamkeit befragt unser Leben

Worauf achten die Menschen, die uns umgeben? Manche von uns sind von Leuten umgeben, die auf Dinge achten, die uns vielleicht gar nicht so wichtig sind: ein schickes Auto z. B. oder ein superelegantes Outfit. In manchen Berufen wird darauf geachtet, dass man eine Krawatte und einen Anzug trägt, in manchen Restaurants auch. Oft sind es jedoch reine Äußerlichkeiten, auf die in bestimmten Kreisen Wert gelegt wird. Man kann der größte Schurke sein – solange man gewisse Spielregeln einhält, gehört man dazu.

Dem widersprechen die weisheitlichen Sprüche der Bibel: „Achte mehr auf die Erkenntnis der Weisheit als auf kostbares Gold. Denn Weisheit ist besser als Schmuck."

Diese Weisheit findet ein Mensch, wenn er auf die Stimme Gottes in seinem Leben achtet. Wie oft lassen wir uns beeinflussen von dem dummen Geschwätz mancher Zeitgenossen. Ganze Fernsehshows leben von einer Mentalität, der anscheinend nichts mehr heilig ist – Hauptsache, man hat einen Gag, und sei er noch so blöd, nicht verschenkt und den nächsten Lacher auf seiner Seite.

Wir wissen zwar, dass Geld allenfalls scheinbare Sicherheit und scheinbare Stärke gibt, aber trotzdem nehmen die Finanzen oft großen Raum in unserem Denken ein: Wir achten mitunter mehr auf unseren Kontostand als auf die kleinen, kostbaren Momente in unserem Alltag.

Die Achtsamkeit befragt unser Leben: Welchen Stimmen und welchen Einflüssen gibst du in deinem Leben Raum? Wie möchtest du leben? Woran möchtest du dich orientieren? Wem vertrauen? Was tut dir gut? Und was bringt dich weiter? Beginne achtsam zu leben: jetzt. *CB*

Die Achtsamkeit befragt unser Leben: Welchen Stimmen und welchen Einflüssen gibst du in deinem Leben Raum?

Die Achtsamkeit befragt unser Leben.

Wach auf, um achtsam die Wirklichkeit wahrzunehmen

Achtsamkeit hat auch mit Erwachen zu tun. Viele Menschen meinen, sie seien wach. In Wirklichkeit schlafen sie. Sie haben sich eingelullt in Illusionen über ihr Leben. Sie nehmen die Wirklichkeit nicht wahr, wie sie ist. Sie flüchten sich in bestimmte Gedanken, vielleicht fromme Gedanken, um der Wirklichkeit auszuweichen. Die wahre Achtsamkeit besteht jedoch darin, aufzuwachen, endlich die Augen aufzumachen und die Wirklichkeit so zu sehen, wie sie in Wahrheit ist.

Aufwachen meint, sich nicht mehr mit dem Schleier der Illusionen begnügen, den wir über alles gelegt haben, sondern hinter die Dinge zu schauen, die Wahrheit des Seins zu entdecken.

In unserem deutschen Wort „achten" steckt auch die Hochachtung, die Wertschätzung. Wenn ich achtsam mit den Dingen umgehe, dann achte ich sie auch, dann sind sie mir wertvoll. Der heilige Benedikt ermahnt seine Mönche, achtsam mit dem

Werkzeug und mit allen Dingen umzugehen. Ja, der Cellerar, der für das Wirtschaften zuständig ist, soll das ganze Gerät des Klosters wie heiliges Altargerät behandeln. Wer das Gerät wie heiliges Altargerät behandelt, der hat ein Gefühl für den wahren Wert der Dinge. In allem berühren wir letztlich Gott. Alles ist Schöpfung Gottes und uns von Gott geschenkt.

Beobachte dich mal, wo du dir Illusionen über dein Leben und über die Menschen gemacht hast. Hast du dich eingelullt mit irgendwelchen Illusionen, weil es dir zu anstrengend ist, der Wahrheit standzuhalten? Was heißt das für dich: aufzuwachen und die Welt so zu sehen, wie Gott sie sieht, wie sie in Wirklichkeit ist? AG

Wach auf, um achtsam die Wirklichkeit wahrzunehmen

Die Achtsamkeit des Mitmenschen
hilft uns zu leben

Wenn wir ein Auto lenken, achten wir auf den
Straßenverkehr. Wir achten darauf, dass wir die
Verkehrsregeln einhalten, und wir tun das, weil
wir darauf bauen, dass andere sich ebenso verhal-
ten und dass das Ganze nur so funktioniert. Hier
und in allen anderen Lebensbereichen gilt die gol-
dene Regel der Bibel „Alles, was ihr wollt, das euch
die Leute tun, das tut auch ihnen!" (Matthäus 7,12).
Darauf baut unser Zusammenleben, auf Achtsamkeit.

Gerade im Straßenverkehr kann ich lernen, dies
zu buchstabieren. In Ländern wie Irland oder
Norwegen sind die Straßen oftmals so eng, dass
zwei Autos nicht nebeneinanderpassen. So gibt es
immer wieder Haltebuchten, in die man hinein-
fahren kann, um dem entgegenkommenden
Verkehr die Durchfahrt zu ermöglichen. Dabei
verständigt man sich mit Lichtsignalen und Hand-

zeichen. Und wenn der andere gewartet hat, dann bedankt man sich mit einem Gruß. Dies alles funktioniert in diesen Ländern wunderbar. Es funktioniert, weil alles andere Chaos bedeuten würde und weil die Menschen achtsam miteinander umgehen.

Wie schön ist es, wenn wir achtsam miteinander umgehen und nicht stumpfsinnig auf unserem vermeintlichen Recht beharren. Wie wohltuend ist es, am Arbeitsplatz Kollegen und Kolleginnen zu haben, die nachfragen, wenn es einem mal nicht so gut geht. Wie gut ist es, wenn Nachbarn sich untereinander abstimmen und aufeinander achten im positiven Sinne. Achtsamkeit führt uns zu einem guten und erfüllten Leben.   *CB*

Die Achtsamkeit des Mitmenschen hilft uns zu leben.

Tu heute alles in Achtsamkeit
und Behutsamkeit

Wenn ich achtsam durch eine Tür gehe, dann erahne ich, was das heißt: Ich gehe von einem Raum in den andern. Die Tür eröffnet mir einen neuen Raum. Ich verlasse etwas und gehe in etwas Neues.

Jesus sagt von sich, dass er die Tür sei. Er verwirklicht in seinem Sein, was der Achtsame beim Durchschreiten einer Tür erfährt. Die Tür führt mich in den Raum meiner Seele, in den Innenraum meines Herzens. In meinem Leben gehe ich über viele Schwellen. Ich betrete Neuland. Ich erschließe mir neue Räume, die ich noch nicht kenne. Die Tür öffnet und schließt. Wenn ich nach der Arbeit achtsam durch die Haustür gehe, schließe ich bewusst die Tür der Arbeit zu, um die Tür meines Zuhauses zu öffnen, damit ich ganz präsent bin, wenn ich daheim ankomme. Viele kommen mit den Problemen der Arbeit daheim an. Sie sind noch woanders. Bewusst durch eine Tür gehen heißt: alles andere hinter mir zu lassen und mich ganz in den Raum zu begeben, den mir die Tür aufschließt.

Probiere nur mal einen einzigen Tag, alles, was du tust, achtsam zu tun. Wenn du achtsam aufstehst, wird es dir ein Bild für die Auferstehung.

Du wäschst dich und spürst, was es heißt, sich auch von negativen Gedanken zu reinigen.

Du ziehst dich an und ahnst, was es heißt, Christus als Gewand anzuziehen. Früher hat der Priester beim Anziehen des Gewandes gebetet: „Das Gewand des Heiles will ich anziehen."

Iss achtsam, und du wirst die Speisen genießen. Achte auf die Begegnungen. Du wirst die Menschen, denen du achtsam begegnest, ganz anders erleben.   AG

Tu heute alles
in Achtsamkeit
und Behutsamkeit.

Gott hat mich im Blick

„Der Herr ist mein Hirte, mir wird nichts mangeln, er weidet mich auf einer grünen Au und führt mich zum frischen Wasser …" Jemand geht achtsam mit mir um, Gott geht achtsam mit mir um. Davon erzählt der Psalm 23.

Ein Hirte hat seine Schafe im Blick und er ist vor allem eines: achtsam! Wie gut ist es, zu wissen und darauf zu vertrauen, dass es mir an nichts „mangeln", an nichts fehlen wird, weil Gott mich wie ein guter Hirte im Blick hat. Manchen von uns wurde diese Achtsamkeit eher wie eine überwachende Instanz nahegebracht. Daraus erwuchs dann ein Furcht einflößendes Bild von Gott. Unser Psalm behauptet das Gegenteil: Gott hat mich im Blick, weil er möchte, dass es mir gut geht, dass mir nichts fehlt und dass ich mich entfalten kann. „Er weidet mich auf einer grünen Au …"

Ich bin kein Schaf, aber eine saftig grüne Wiese mag ich auch und das Gefühl, genügend Platz zu haben. Ich mag das Gefühl, dass ich mir keine

Sorgen machen muss, dass alles, was ich brauche, da ist – ich muss nur die Augen aufmachen. Und ich liebe es, genüsslich und mit viel Zeit zu essen und zu trinken, und deshalb „führt er mich zum frischen Wasser".

Frisches, klares Wasser, kaum etwas anderes wird so sehr mit Leben verbunden wie „frisches Wasser". Eine Wüste erblüht, wenn Wasser ins Spiel kommt. Wasser erfrischt und kühlt uns, wenn wir Durst haben, uns zu heiß ist oder wir uns reinigen wollen. Deshalb wird Gott ja auch als Quelle des Lebens beschrieben. Sein Ziel ist es, mich und meine Seele zu erfreuen, und deshalb endet der erste Absatz dieses alten Gebets mit: „… er erquickt meine Seele!"   *CB*

Gott hat mich im Blick.

Achte darauf, ob du in Beziehung bist zu dem, was dir begegnet

Achtsamkeit heißt nicht, seine Gedanken zu kontrollieren. Wer seine Gedanken kontrollieren möchte, dem geraten sie sicher außer Kontrolle. Es geht darum, wach zu sein, achtsam und aufmerksam zu leben, in Berührung zu sein mit sich selbst und mit dem, was ist. Die Psychologen sagen, die größte Krankheit unserer Zeit sei die Beziehungslosigkeit. Die Menschen hätten die Beziehung zu sich, zu den Dingen, zu den Menschen und zu Gott verloren. Wer keine Beziehung zu den Dingen hat, der geht achtlos mit ihnen um. Wer unfähig ist, in Beziehung zu einem Menschen zu treten, der übersieht das Geheimnis des anderen. Er achtet nicht auf die Regungen seiner Seele. Und wer die Beziehung zu sich selbst verloren hat, der ist nie bei sich. Er ist überall und nirgends. Er klagt darüber, dass er sich allein und einsam fühlt. Aber er ist nicht bei sich. Er schenkt sich selbst keine Nähe. So sehnt er sich nach der Nähe von Menschen. Aber wenn jemand ihm nahekommt, kann er die Nähe nicht ertragen.

Versuche einmal, bewusst in Beziehung zu kommen zu dem, was du gerade tust, die Beziehung zu spüren zu dem, was du gerade berührst. Nimm die Beziehung wahr zu dem Baum, neben dem du stehst, zu der Blume, die vor dir blüht. Du wirst entdecken, wie die Beziehung zu den Dingen alles in ein neues Licht taucht.

Wenn du die Beziehung spürst, wirst du von alleine achtsam mit den Dingen umgehen. Wir hatten einen Schreiner, der begeistert erzählen konnte von dem, was er im Holz eines Baumes wahrnahm. Er war in Beziehung zum Holz. Er hat es ehrfürchtig berührt. Es war für ihn wertvoll und liebenswert. AG

Achte darauf, ob du in Beziehung bist zu dem, was dir begegnet.

Verzicht

Verzichte, um dein Ziel besser zu erreichen

Im Urlaub unternehme ich mit meinen Geschwistern gerne Bergwanderungen. Da komme ich immer sehr ins Schwitzen. Unterwegs frage ich mich da auch manchmal, warum ich mir das eigentlich antue. Ich könnte es doch bequemer haben und einfach von unten die Berge anschauen. Aber ich spüre, dass gerade der Verzicht auf Komfort, die Anstrengung und das Schwitzen mir guttun. Wenn ich dann auf dem Gipfel stehe, dann fühle ich mich glücklich.

Wir können im Leben nie alles auf einmal haben. Wir können das, was uns guttut, nur erreichen und dann auch genießen, wenn wir auf dem Weg zum Ziel auf einiges verzichten.

Wer nie auf etwas verzichten will, wird kaum einen Gipfel erklimmen – und kann keinen „Gipfelsieg" feiern. Und umgekehrt: Wer sich von nichts mehr begeistern lässt, der hat auch keine Motivation zu verzichten. Verzichten macht das Feiern erst richtig schön.

Überlege, was du tun kannst, um den Sonntag oder Feste wie Weihnachten oder Ostern intensiver zu feiern. Wenn du dir Verzichte auferlegst, wird auf jeden Fall die Spannung auf den „besonderen Tag" hin steigen. Überlege, wo du nicht nur auf solche Festtage hin auf etwas verzichten solltest, sondern auch auf andere Ziele deines Lebens hin.   *AG*

Verzichte, um dein Ziel besser zu erreichen.

Verzichte, um zu genießen

Das Wort Verzichten löst bei vielen Menschen eher negative Gefühle aus. Ich gönne mir nichts. Ich muss auf etwas verzichten. Oft wissen wir gar nicht, warum wir verzichten sollen. Hat Gott uns das befohlen, dass wir verzichten sollen? Gönnt Gott uns nichts?

Von Gott kommt nicht der Befehl zu verzichten. Aber dem Menschen tut es gut, zu verzichten. Selbst Sigmund Freud, der Begründer der Psychoanalyse, meint: Wer nicht verzichten kann, der wird nie ein starkes Ich entwickeln. Er wird zum Sklaven seiner Bedürfnisse. Er muss jedes Bedürfnis, sobald es auftaucht, auch sofort erfüllen. Doch das ist kein Leben, sondern ein Gelebtwerden.

Wer nicht verzichten kann, kann auch nicht genießen. Wir fasten z. B. nicht, damit wir auf das Leben verzichten, sondern im Gegenteil, um das Leben besser genießen zu können. Wer nach dem Fasten voll Genuss in den Apfel beißt und den Geruch und Geschmack des Apfels auf neue und intensive Weise wahrnimmt, der weiß, dass Verzichten und Genießen zusammengehören. Wer alles in sich hineinschlingt, der genießt die Speisen nicht. Wer nicht aufhören kann zu essen, genießt auch nicht mehr. Er ärgert sich vielmehr, dass er zu viel gegessen hat. So braucht es einen guten Wechsel von Verzichten und Genießen. Wer nicht verzichten kann, wird zum Sklaven seiner Bedürfnisse. Wer nicht genießen kann, wird ungenießbar.

Wovon bist du abhängig? Wo stopfst du unbewusst deinen Ärger mit Süßigkeiten oder etwas anderem zu, ohne dass du wirklich genießt? Versuche, heute bewusst das Essen zu genießen. Du wirst spüren, dass du weniger isst als sonst. AG

Verzichte, um zu genießen.

Verzichte, damit du selbst lebst, anstatt gelebt zu werden

Jesus war nicht der typische Asket. Ja, seine Gegner nannten ihn einen Fresser und Weinsäufer. Die Pharisäer wundern sich einmal, warum die Jünger Jesu nicht fasten. Darauf gibt er ihnen zur Antwort: „Können denn die Hochzeitsgäste fasten, solange der Bräutigam bei ihnen ist? Solange der Bräutigam bei ihnen ist, können sie nicht fasten. Es werden aber Tage kommen, da wird ihnen der Bräutigam genommen sein; an jenem Tag werden sie fasten" (Markus 2,18-20). In der Nähe Jesu sollen die Jünger sich am Leben freuen. Aber wenn sie seine Nähe nicht spüren, sollen sie fasten.

Jesus gibt damit dem Fasten eine neue Bedeutung. Es ist Ausdruck der Sehnsucht nach der Nähe Jesu, nach der Nähe Gottes.

Ich drücke im Verzicht letztlich aus, dass mir das Leben so, wie es oberflächlich abläuft, nicht genügt. Ich sehne mich nach einem intensiveren Leben, nach dem Leben mit Jesus.

Ich schneide im Verzicht das übliche Leben, das normale Essen und Trinken und die täglichen Vergnügungen, ein Stück weit zurück, damit etwas anderes in mir aufblühen kann, damit ich erkenne, worum es im Leben eigentlich geht. Es geht darum, dass ich mit meiner Sehnsucht in Berührung komme. Und die wird allein von Gott erfüllt.

Was sind die Gründe, wenn du verzichtest?
Möchtest du dir nur beweisen, dass du verzichten kannst?
Oder verzichtest du auf Essen, um abzunehmen und schlanker zu werden?
Oder setzt du Verzichte, weil du den üblichen Lauf der Dinge mal unterbrechen möchtest, weil du neugierig bist, etwas Neues auszuprobieren und intensiver zu leben? AG

Verzichte, damit du selbst lebst, anstatt gelebt zu werden.

Verzichte, um dich innerlich frei zu fühlen

Verzichten ist ein Teil der Askese. Das griechische Wort „Askese" meint eigentlich: Übung, Training. Die Sportler trainieren, um größere Leistungen zu erzielen. Fasten ist ein Training in die innere Freiheit.

Es tut uns gut, uns von Zeit zu Zeit zu beweisen, dass wir weder von Alkohol oder Kaffee, noch vom Fernsehen abhängig sind. Das Verzichten macht uns innerlich frei. Und es macht uns auch stolz. Wir können noch verzichten. Wir sind nicht Sklaven unserer Bedürfnisse. Das Verzichten schafft einen Freiraum, der uns guttut. Es ist wie eine innere Reinigung. Das Verzichten auf bestimmte Speisen reinigt den Körper, das Verzichten auf Fernsehen oder auf ständiges Reden reinigt die Seele.

Askese geht davon aus, dass ich etwas in meinem Leben ändern kann, dass ich es selbst gestalte, anstatt nur von außen bestimmt zu werden. Eine Fastenzeit ist eine Trainingszeit. Wir brauchen jedes

Jahr so eine Trainingszeit, damit wir uns wieder einüben in die innere Freiheit.

Wo fühlst du dich abhängig? Wenn du deine Abhängigkeit spürst, ärgerst du dich. Überlege dir, welche Abhängigkeit du mal überwinden und wo du innere Freiheit erringen möchtest. Und dann denke dir ein Trainingsprogramm aus, das dir helfen könnte, frei zu werden.

Sei nicht zu hart zu dir. Der Sportler, der zu hart trainiert, erzeugt in sich eher Widerwillen gegen das Training. Du musst auch deine Grenze akzeptieren. Du sollst nur innerhalb deiner Möglichkeiten trainieren. AG

Verzichte, um dich innerlich frei zu fühlen.

Verzicht mündet in
Hingabe und echter Begegnung

Warum hängt in jeder Kirche ein Kreuz? Das Kreuz ist doch ursprünglich ein altertümliches Folterinstrument, an dem eine besonders qualvolle Art der Todesstrafe vollstreckt wurde. Verbrecher, Diebe und Mörder wurden gekreuzigt und damit sterbend öffentlich ausgestellt, als Abschreckung. Genau so wurde auch Jesus gekreuzigt, außerhalb von Jerusalem, auf einer Art Müllhalde: Golgatha, der Schädelstätte. Dort wurde er zwischen zwei Schwerverbrechern öffentlich zur Schau gestellt – an einem Kreuz.

Als Christen glauben wir, dass Jesus nicht nur ein guter Mensch und nicht nur ein Prophet war, sondern dass sich in ihm Gott selbst auf einzigartige Weise offenbart hat: Jesus ist der Sohn Gottes.

In Jesus zeigt Gott sein Gesicht. In Jesus hat Gott sich auf den Weg gemacht, damit wir ihm von Mensch zu Mensch begegnen können. Dieser Weg war ein Weg des Verzichts und lag von Anfang an auf der Schattenseite des Lebens, auf der Seite der Armen und Entrechteten.

Seinen Menschen zuliebe verzichtet Gott auf seine Allmacht und verlässt sich auf die Ohnmacht der Liebe! Die Prinzipien dieser Welt werden komplett auf den Kopf gestellt. Verzicht auf Reichtum, Komfort und Karriere mündet in Hingabe und echter Begegnung.

Das letztlich Überzeugende an diesem einzigartigen Lebensweg Jesu ist die Konsequenz, mit der er seinen Worten Taten folgen ließ. Und so ist der traurigste und düsterste Moment im Neuen Testament gleichzeitig der Dreh- und Angelpunkt der Geschichte der Menschheit: Dafür steht das Kreuz. *CB*

Verzicht mündet in Hingabe und echter Begegnung.

Nur wer Trauer (er)trägt, kann auch getröstet werden

Jeder und jede, die schon einmal einen lieben Menschen verloren hat, weiß, wie sehr das schmerzt und welche Leere sich auf einmal auftut: Jemand ist nicht mehr da – weg, einfach weg. Da ist es wichtig, dass wir uns Zeit nehmen, um zu trauern und uns zu verabschieden. Wir brauchen dann Tage, in denen wir darauf verzichten, unterhalten und abgelenkt zu werden. Wir brauchen eine Zeit, um unseren Verlust zu verstehen und zu beweinen.

Dabei gilt es auch, unser eigenes Leben zu betrachten und zu überdenken: „Lehre uns bedenken, dass wir sterben müssen, damit wir klug werden", lesen wir in den Psalmen des Alten Testaments.

Meist liegen zwischen dem Eintreten des Todes und der Beerdigung eines Menschen mehrere Tage. Das ist gut so, denn wir brauchen nun Zeit – Zeit, die wir sonst oft nicht haben oder uns nicht nehmen. Auf einmal ist sie da, wir wissen: Jetzt gilt es, jetzt und nur jetzt kann und muss ich mich verabschieden. Wohl dem, der dann diese Stunden und Tage nutzt und auch sich selbst befragt: „Wie möchte ich künftig leben? Wie beeinflusst die Tatsache, dass ich älter werde und einmal sterben muss, mein Leben im Hier und Jetzt?"

Zu Beginn der Bergpredigt ruft uns Jesus zu: „Selig", also „zutiefst glücklich", sind die Menschen, die Leid tragen, denn sie sollen getröstet werden.

Darin liegt eine tiefe Wahrheit, dass nur jene auch getröstet werden können, die sich dem Leid und der Trauer stellen. Die ihr Leid „tragen".

Wer nur verdrängt und die Schatten beiseiteschiebt, wird keinen Trost erleben können, der hat ein „trost-loses" Leben vor sich.   *CB*

Nur wer Trauer (er)trägt,
kann auch getröstet werden.

Gelassenheit

Ich bin ganz gelassen,
denn du, Gott, lässt mich sein

„Ich bin ganz gelassen, denn du lässt mich sein, muss mich nicht verbiegen, fühl mich nicht mehr klein. Ich darf mich entfalten, wie ein Schmetterling land' ich sanft in deiner Hand und ich sing und sing …"

Kennen Sie die „Perlen des Glaubens"? Sie wurden von dem schwedischen Bischof Martin Lönnebo entwickelt. Aus der Frage: Was ist das Wichtigste in meinem Leben? entstand dieses Perlenband, ein Katechismus zum Anfassen, achtzehn Perlen für Hand und Herz. Jede hat einen Namen und jede eine eigene Bedeutung. Und da gibt es eben auch die „Perle der Gelassenheit" – in Dunkelblau.

Diese dunkelblaue Perle ist meine Lieblingsperle, denn ich neige manchmal zur Hysterie, dazu, die Dinge manchmal zu nah an mich heranzulassen. Oft habe ich dieses Perlenband dabei. Ich trage es am Handgelenk oder in der Hosentasche. Und wenn es mir wieder mal zu bunt oder zu hektisch wird, dann spiele ich mit der dunkelblauen Perle. Sie erinnert mich an den Blick in den unendlich weiten, blauen Himmel und sagt mir:

Schau hinaus, genieße die Sonne, die dein Gesicht erwärmt, und lass dich inspirieren von der unendlichen Weite, in die du eingebettet bist. Der, der all das geschaffen hat, hält dich in seiner Hand und er lässt dich sein, mit all deinen Fehlern und Macken. Du darfst dich entfalten in deiner ganzen Schönheit, mit all den Gaben, die du mit auf den Weg bekommen hast. Spür den Boden, atme den Wind und lass dich fallen ins saftige, grüne Gras seines Wohlwollens: Du bist gehalten und geliebt – egal, was ist.

Wenn ich das weiß, kann ich mich dem, was auf mich zukommt, ganz neu gelassen stellen.   *CB*

Ich bin ganz gelassen,
denn du, Gott, lässt mich sein.

Am gedeckten Tisch

„Du bereitest vor mir einen Tisch – im Angesicht meiner Feinde."

Der Psalm 23 beschreibt eines der ältesten Bilder für Gelassenheit. In einer Situation der größten Anspannung, dann, wenn die Gegner aufgerüstet vor uns stehen und bereit sind, uns niederzumachen, lädt uns dieser alte und wunderbare Text zu einem Festmahl ein:

Mach dir keine Sorgen, stärke dich, iss und trink und sei guten Mutes, denn ich bin bei dir! Ich halte zu dir und ich versorge dich mit allem, was du brauchst.

Es nützt ja nichts, wenn wir dem, was uns feindlich gesinnt ist, hektisch und im Affekt gegenübertreten. Ausgeruht, erfrischt und gestärkt, der eigenen Position gewiss „kämpft" es sich viel besser.

Dieses archaische Bild hat mir ganz neu etwas zu sagen, wenn mir klar wird, dass auch Eigenschaften und Angewohnheiten Feinde sein können. Jemand, der gerne Gitarre spielen lernen möchte, aber stinkfaul ist, dem ist seine Faulheit ein Feind. Jemand, der Übergewicht hat, gerne abnehmen möchte, aber immer Appetit auf Chips oder Schokolade hat, für den ist die Naschsucht ein Feind.

Welche Feinde fallen mir ein, die mich daran hindern wollen, so zu leben, wie ich es eigentlich möchte?

Dieses Bild vom gedeckten Tisch sagt mir auch dies: Ich habe in Gott einen mächtigen Freund und Begleiter, der mir hilft, gestärkt und bewusst die Widrigkeiten des Lebens anzugehen, und der mir vor allem eines schenken möchte: Gelassenheit.   *CB*

Am gedeckten Tisch

Gelassen bleiben,
wenn ich angegriffen werde

Es gibt Situationen im Leben, da gibt es – scheinbar – keinen Raum für Gelassenheit. Im Neuen Testament wird beschrieben, wie eine aufgebrachte Meute von Männern eine Frau vor Jesus zerrt. Diese Frau wurde wohl in flagranti beim Ehebruch erwischt. Die Männer sind wütend, sie sehen die moralische, öffentliche Ordnung gefährdet. Doch bevor sie das vollstrecken, was sie normalerweise tun würden, wollen sie die Situation nutzen, um Jesus, dem Menschenfreund, eine Falle zu stellen: „Diese verheiratete Frau wurde im Bett eines anderen Mannes erwischt. Das Gesetz des Mose befiehlt uns in solch einem Fall, die Frau zu steinigen – was sagst du?"

Eine gefährliche Situation: Jesus und die Frau sind umringt von gewaltbereiten Männern, die die Steine, die sie werfen wollen, schon bereithalten.

In diesem Moment höchster Anspannung bückt Jesus sich und malt etwas in den Sand.

Ich stelle mir vor, dass er das auch für sich selbst

getan hat, um nachzudenken und zu meditieren. In jedem Fall ist diese Reaktion ziemlich „cool", würden wir heute sagen: Jesus reagiert sichtlich gelassen. Er bleibt ruhig, neigt sich zur Erde, berührt den Boden, der ihn trägt, in dem Bewusstsein, dass nicht nur der Boden ihn trägt, und formuliert aus einer greifbaren Gelassenheit heraus dann jenen genialen Satz: „Wer ohne Schuld ist, werfe den ersten Stein!"

Gerade dann, wenn ich angegriffen und bedroht werde, ist die Gelassenheit ein guter Berater. Und „plopp, plopp, plopp" fallen die Steine zu Boden und vielleicht auch die Groschen in den Köpfen meiner Gegner.   *CB*

Gelassen bleiben,
wenn ich angegriffen werde

Leben

Der Tod hat nicht das letzte Wort

„Der Herr ist auferstanden! Er ist wahrhaftig auferstanden!" Wie ein Lauffeuer verbreitete sich diese Nachricht um die ganze Welt: „Der Tod, die Krankheit, das Leid und der Schmerz haben nicht das letzte Wort!" Das ist die Nachricht von Ostern, das ist die Nachricht der Bibel.

Deshalb heißt das Neue Testament auch „Gute Nachricht", denn das war und ist ja wirklich eine unglaubliche Nachricht, dass der Tod nicht das letzte Wort hat, dass unser Leben eben nicht im permanenten Schatten des Todes abläuft.

Wenn wir das ernst nehmen, dann haben wir ja Zeit, endlos Zeit gewissermaßen, dann müssen wir nicht alles in diese vielleicht siebzig, achtzig Jahre, die wir hier auf der Erde leben, packen, sondern wir haben die wunderbare Perspektive der Ewigkeit.

Und auch das Kreuz erscheint dann in einem anderen Licht: Die Ohnmacht der Liebe siegt durch die Auferstehung über die Macht der manchmal einschüchternden Wirklichkeit dieser Welt. Wir sind befreit von der Fessel des Todes.

Als Christen sind wir die einzigen Menschen, die aus dieser Wirklichkeit, aus dieser Perspektive der Auferstehung leben und handeln können. Ja, ohne Auferstehung gäbe es gar keine Christen, keine Kirchen und keine kirchlichen Feiertage. Wir merken, es geht nicht nur um ein Leben nach dem Tod, sondern auch um unsere Lebensgestaltung hier und heute: Der Auferstandene hilft uns aufzustehen, täglich und in vielen Situationen unseres Lebens. Ich muss nicht die letzten Kräftereserven aus mir selbst herausholen, sondern ich kann beten: „Herr, hilf!"

Ich darf mit Jesus rechnen. Heute und bis in alle Ewigkeit! *CB*

Der Tod hat
nicht das letzte Wort.

Rechne mit Jesus, dem Auferstandenen

Zu Beginn der Bergpredigt formuliert Jesus die acht sogenannten „Seligpreisungen". Das Wörtchen „selig" gebrauchen wir meistens nur dann, wenn wir ausdrücken wollen, dass wir uns wünschen, dass jemand, der verstorben ist, nun auch „bei Gott aufgehoben" sein möge. Deswegen hört man manchmal: „Gott hab ihn selig." Wenn Jesus dieses Wort gebraucht, dann ist das ein Hinweis darauf, dass Menschen, die sich an ihm orientieren, aus der Wirklichkeit der Auferstehung heraus und im Horizont der Auferstehung leben.

Die Seligkeit, das „bei Gott sein", ragt aus der Ewigkeit hinein in unseren Alltag als Christen. So bedeutet dieses „selig" zum einen „zutiefst glücklich", zum anderen aber auch „bei Gott angekommen" sein.

Nur so sind die Seligpreisungen und auch die Bergpredigt zu verstehen – nämlich aus der Perspektive des in unsere Welt hineinwirkenden, unsichtbaren Reiches Gottes heraus.

Mit dieser Perspektive steht über meinem Leben ein dicker Doppelpunkt:

Schau hinaus in die kommenden Wochen und Tage, in die kommende Zeit – und rechne mit Jesus, dem Auferstandenen.

Rechne mit dem, der uns gelehrt hat, zu beten:

Unser Vater im Himmel,
geheiligt werde dein Name,
dein Reich komme, dein Wille geschehe
wie im Himmel, so auf Erden.
Unser tägliches Brot gib uns heute
und vergib uns unsere Schuld,
wie auch wir vergeben unseren Schuldigern.
Und führe uns nicht in Versuchung, sondern
erlöse uns von dem Bösen,
denn dein ist das Reich und die Kraft
und die Herrlichkeit, in Ewigkeit. Amen! *CB*

Rechne mit Jesus,
dem Auferstandenen.

Weitere Veröffentlichungen der Autoren:

7 Wochen ganz bei mir

Der individuelle Fastenkalender

50 Seiten, mit jeweils einer Bild- und Textseite (getrennt umklappbar), Spiralbindung, 26 x 12,5 cm
ISBN 978-3-7655-8095-6

Erleben Sie gemeinsam mit dem Benediktinerpater Anselm Grün und dem Liedermacher und Pfarrer Clemens Bittlinger, ganz bei sich zu sein – und ganz bei dem Gott allen Lebens. Gehen Sie jede Woche mit einem neuen Grundgedanken zum Thema durch sieben Wochen Passionszeit.

BRUNNEN VERLAG GIESSEN

www.brunnen-verlag.de

Langsam durch die schnelle Zeit

CD, Laufzeit ca. 50 Min.
ISBN 978-3-7655-8444-2

Zur Ruhe kommen. Zur Mitte finden. Gott ganz
neu für sich entdecken. Auf dieser CD erwar-
ten Sie 14 „Entschleuniger": sieben musikalische
Schätze des Liedermachers Clemens Bittlinger,
dazu sieben meditative Texte, von Anselm Grün
verfasst und selbst gesprochen. Dazu: das bekannte
Segenslied „Sei behütet".

BRUNNEN VERLAG GIESSEN
www.brunnen-verlag.de